GastroGuide

Der *andere* Schweizer Restaurant- und Hotelführer
Le guide *différent* des restaurants et hôtels suisses
L'*altra* guida svizzera di ristoranti e degli alberghi

WEBERVERLAG.CH | INSOS.CH

Inhalt / Sommaire / Indice

Übersicht Restaurants und Hotels	
Carte des restaurants et des hôtels	
Cartina dei ristoranti e degli alberghi	4
Gastfreundschaft und Herzlichkeit	
Hospitalité et cordialité	
Ospitalità e cordialità	4
INSOS Schweiz / Suisse / Svizzera	175
Impressum / Editeur / Colophon	176

RESTAURANTS | RISTORANTI

Nordwestschweiz

Baden Restaurant Roter Turm	10
Baden Terrassenbad Baden	12
Baden-Dättwil ristoro	14
Basel Restaurant Balade	16
Biel-Bienne Stiftung Battenberg	18
Bolligen Bistro	20
Münchenstein Kantine Werkhalle	22
Münsingen Bistro Belpberg	24
Münsingen Restaurant Psychiatriezentrum Münsingen	26
Muri AG Café Moospintli	28
Pratteln BIO Restaurant Landhof	30
Rubigen Humanus-Haus Beitenwil	32
Windisch Mikado Café & Shop	34
Zollikofen Esperanza	36

Zentralschweiz

Baar Restaurant Incontro	38
Brunnen Gasthaus PLUSPUNKT	40
Emmen Café Rathausen	42
Luzern café sowieso	44
Luzern Bistro EssWerk	46
Luzern Mensa EssSenti und Mensa Gütsch	48
Menzingen Zentrum Sonnhalde	50
Schattdorf Stiftung Behindertenbetriebe Uri	52
Schübelbach CAFEPUNTO	54
Stans Café Weidli	56
Zug ConSol Bistro	58

Ostschweiz

Amriswil ABA-Gastro	60
Dussnang Kornhaus Bistro	62
Frauenfeld la terrasse	64
Grabs LandschaftsSINNfonie / Lukashaus Stiftung	66
Heerbrugg Restaurant/Schloss-Café	68
Herisau Café-Bäckerei dreischiibe	70
Romanshorn Gastronomie Usblick	72

Zürich

Kloten Gasthaus Hans im Glück	74
Ottikon Restaurant Traube Ottikon	76
Rüti Oase Bio-Laden Bistro Take-Away	78
Schlieren Mühleacker Restaurant	80
Uster Gastro & Events Wagerenhof	82
Uster Restaurant 8610	84
Wädenswil Bühl-Laden / Giardino	86
Wädenswil Stiftung Bühl – Bankett & Catering	88
Wetzikon Restaurant IWAZ	90
Wetzikon Sousol Wetzikon	92
Winterthur Bistro Dimensione	94
Winterthur Restaurant Neumarkt	96
Winterthur Wyden Café	98
Zürich Restaurant Brunegg	100

Zürich Restaurant Café Glättli	102
Zürich Restaurant Krone	104
Zürich Restaurant Limmathof	106
Zürich Restaurant Mediacampus	108
Zürich Restaurant Renggergut	110
Zürich Stiftung Züriwerk Werkbar	112
Zürich Vier Linden Imbiss Café	114

Romandie

Estavayer-le-Lac Rosière Café	116
Fribourg LE VOISIN	118
Genève Clair d'Arve	120
Grandson Le Petit Gourmand	122
Meinier L'Epicure	124
Mollie-Margot Cafétéria Arpège	126
St-Barthélemy Le St-Bar à Café	128
Thônex l'Espalier	130
Versoix Au fil de l'eau	132
Vessy Clair de Lune	134
Villars-sur-Glâne Café des Préalpes	136
Vuadens Pinte des Colombettes	138
Yverdon-les-Bains Le Cygne	140

Ticino

Chiasso L'Uliatt	142
Lugano Canvetto Luganese	144
Pollegio Bistro57	146

HOTELS I HÔTELS I ALBERGHI

Basel DASBREITEHOTEL	150
Filzbach Seminarhotel Rest. Panorama Lihn	152
Leuk-Stadt Schlosshotel Leuk	154
Luzern Seminarhaus Bruchmatt	156
Reinach AG Hotel & Restaurant zum Schneggen	158
St. Gallen Hotel/Restaurant Dom, Kloster-Bistro	160
Walkringen Restaurant Hotel Rüttihubelbad	162
Warth bei Frauenfeld Kartause Ittingen	164
Wilderswil Jungfrau Hotel	166
Zürich Haus zur Stauffacherin, Pension für Frauen	168
Zürich hotel marta	170
Zürich LADY'S FIRST design hotel	172

Übersicht Restaurants und Hotels
Carte des restaurants et des hôtels
Cartina dei ristoranti e degli alberghi

Gastfreundschaft und Herzlichkeit

Der GastroGuide feierte 2011 Premiere und löste in der Bevölkerung wie in den Medien ein durchwegs positives Echo aus. Dieser Erfolg hat INSOS Schweiz, den nationalen Branchenverband der Institutionen für Menschen mit Behinderung, motiviert, den aussergewöhnlichen Gastroführer zu überarbeiten, neu zu gestalten und deutlich auszubauen.

Die zweite Auflage des GastroGuides porträtiert über 80 Restaurants und Hotels aus der ganzen Schweiz, in denen Menschen mit Beeinträchtigung mit grossem Engagement ihr vielfältiges Können zeigen. Diese Betriebe zeichnen sich nicht nur durch eine feine Küche aus, sondern auch durch einen ausgesprochen aufmerksamen, zuvorkommenden Service. Gastfreundschaft und Herzlichkeit werden hier gross geschrieben.

Geführt werden die Restaurants und Hotels von Institutionen für Menschen mit Behinderung. Im Rahmen ihrer Restaurations- und Hotelleriebetriebe, die sich heute in einem schwierigen wirtschaftlichen Umfeld behaupten müssen, bieten sie Männern und Frauen mit Handicap geschützte Arbeits- und Ausbildungsplätze dicht am ersten Arbeitsmarkt. Restaurants und Hotels sind somit ganz besondere Orte der Integration: Hier kommen Menschen mit Beeinträchtigung leicht und selbstverständlich in Kontakt mit Gästen. Das schafft Nähe und Verständnis füreinander.

Der GastroGuide erfüllt uns mit Freude und Stolz. Denn die Vielfalt an Gastro- und Hotellerieangeboten von Menschen mit Beeinträchtigung ist gross und das soziale Engagement der Institutionen immens.

Wir wünschen Ihnen viel Entdeckungsfreude sowie grossen Essgenuss und unvergessliche Momente in den vorgestellten Restaurants und Hotels.

INSOS Schweiz

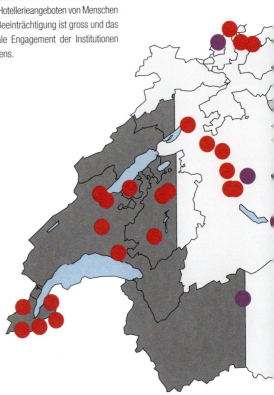

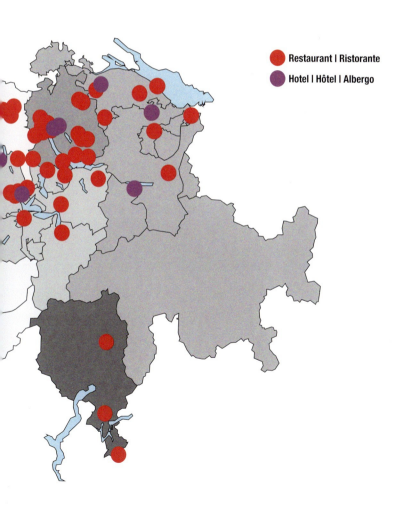

Hospitalité et cordialité

En 2011, le GastroGuide a fait œuvre de pionnier et a recueilli un écho positif dans la population comme dans les médias. Ce succès a motivé INSOS Suisse, l'association de branche nationale des institutions pour personnes avec handicap, à reprendre ce guide gastronomique hors du commun pour l'étendre et le doter d'une nouvelle mise en page.

La deuxième édition du GastroGuide présente plus de 80 restaurants et hôtels de toute la Suisse dans lesquels des personnes avec handicap montrent leur savoir-faire avec un grand engagement. Ces établissements ne se distinguent pas seulement par une excellente cuisine, mais aussi par un service attentif et prévenant. Hospitalité et cordialité en sont les maîtres mots.

Ces restaurants et hôtels sont dirigés par des institutions pour personnes avec handicap. Dans le cadre de leurs établissements de restauration ou hôteliers, qui doivent aujourd'hui faire face à un contexte économique difficile, elles offrent à des hommes et à des femmes avec handicap des places de travail et de formation protégées, proches du marché régulier du travail. Ces restaurants et hôtels deviennent ainsi des lieux d'intégration pas comme les autres: ils permettent aux personnes avec handicap d'avoir aisément et de manière naturelle des contacts avec les hôtes et convives. Cela favorise le rapprochement et la compréhension mutuels.

Nous sommes très heureux et très fiers de ce GastroGuide. Car la diversité des offres gastronomiques et hôtelières de personnes avec handicap est très grande et l'engagement social des institutions est immense.

Nous vous souhaitons de nombreuses découvertes réjouissantes ainsi qu'un grand plaisir gastronomique et des moments inoubliables dans les restaurants ou les hôtels présentés.

INSOS Suisse

Ospitalità e cordialità

GastroGuide ha festeggiato nel 2011 la sua «prima» ed ha riscosso commenti decisamente positivi da parte sia della popolazione sia dei media. Questo successo ha indotto INSOS Svizzera, l'Associazione nazionale di categoria delle istituzioni per persone con andicap, a rielaborare, riconfigurare e ampliare notevolmente la straordinaria guida gastronomica.

La seconda edizione di GastroGuide presenta oltre 80 ristoranti e alberghi dislocati in tutta la Svizzera, dove persone con vari tipi di disabilità danno prova con grande impegno delle loro molteplici capacità. Questi esercizi pubblici non si differenziano solo per la loro squisita cucina, ma anche per un servizio particolarmente attento e cortese. Qui l'ospitalità e la cordialità sono di casa.

I ristoranti e alberghi sono gestiti da istituzioni per persone con andicap. Nell'ambito delle loro attività alberghiere e di ristorazione, che oggi operano in un contesto economico particolarmente difficile, offrono a uomini e donne con andicap posti di lavoro e di formazione protetti, assimilabili a quelli del mercato del lavoro primario. Ristoranti e alberghi sono così luoghi particolari d'integrazione: qui le persone con vari tipi di disabilità vengono a contatto con gli avventori in modo facile e spontaneo. Un modo per creare vicinanza e comprensione.

GastroGuide ci colma di gioia e di orgoglio, perché la ricchezza delle offerte gastronomiche e alberghiere delle persone con disabilità è grande e immenso è l'impegno sociale delle istituzioni.

Vi auguriamo di fare molte piacevoli scoperte, anche gastronomiche, e di trascorrere nei ristoranti e negli alberghi presentati momenti indimenticabili.

INSOS Svizzera

INSOS GastroGuide

Restaurants

INSOS GastroGuide

Restaurant Roter Turm, 5400 Baden

Öffnungszeiten
Montag bis Samstag 9 bis 24 Uhr
Adresse
Rathausgasse 5
5400 Baden
Telefon 056 222 85 25
E-Mail / Web
kontakt@restaurant-roterturm.ch
www.restaurant-roterturm.ch

Restaurants

Nordwestschweiz

Roter Turm

Der Rote Turm ist ein Unternehmen der TRINAMO AG in Aarau. Dies kommt den Gästen zugute, denn in den Werkstätten der Stiftung wird eine Menge von dem produziert, was in Küche und Keller des Restaurants zu saisonalen und regionalen Köstlichkeiten veredelt wird. Zum einen ist der Rote Turm ein stilvoller Ort für Speis und Trank, zum anderen ein Arbeitsplatz und Lernfeld für leistungsbeeinträchtigte Menschen. Sich ausgewogen ernähren – den natürlichen Jahreszyklus respektieren – abwechslungsreich und fantasievoll: Das ist unser Gedanke.

INSOS GastroGuide

Terrassenbad Baden, 5400 Baden

Öffnungszeiten
April bis September 9 bis 20 Uhr
Adresse
Pfisterstrasse 1
5400 Baden
Telefon 079 827 91 14
E-Mail / Web
felix.pente@arwo.ch
www.arwo.ch

Restaurants
Nordwestschweiz

Terrassenbad Baden
Eingebettet in eine reizvolle Terrassenlandschaft, mit herrlichem Blick auf die Altstadt, bietet das Freibad Baden Entspannung vom Alltag. Sehr beliebt ist das grosse Selbstbedienungsrestaurant mit Blick auf das Schwimmbadareal. Während der Freibad-Saison wird das Restaurant und der Kiosk von der Gruppe arwo Schwimmbadrestauration geführt und betrieben. Unter kundiger Leitung finden hier Mitarbeiterinnen und Mitarbeiter mit einer Behinderung eine tolle, abwechslungsreiche Tätigkeit.

Spezialitäten
Kleine Menüs, frische Salate, Snacks, aber auch feine Glacen sowie kalte und warme Getränke laden zum Verweilen und Geniessen ein. Sehr beliebt sind auch die «Konzertanten Grillabende» und die in lockerer Folge durchgeführten Abendveranstaltungen.

INSOS GastroGuide

ristoro, 5405 Baden-Dättwil

Öffnungszeiten
Montag bis Freitag 8 bis 18 Uhr
Samstag 14 bis 18 Uhr
Sonntag 10 bis 18 Uhr

Adresse
Hochstrasse 6
5405 Baden-Dättwil
Telefon 056 484 86 70

E-Mail / Web
ristoro@ristoro.ch
www.ristoro.ch

Restaurants
Nordwestschweiz

ristoro

Erholung, Stärkung und Erfrischung: So lautet die Übersetzung von ristoro aus dem Italienischen. Genau so soll es sein! Erfrischen Sie sich mit einem feinen hausgemachten Tee. Stärken Sie sich mit einem guten Essen. Erholen Sie sich bei Kaffee und Kuchen in unserem Restaurant. Ein modernes und gemütliches Ambiente lädt zum Verweilen ein. Für Ihr Fest, ein Bankett oder einen Firmenanlass eignen sich unsere grosszügigen Räume mit moderner Infrastruktur oder unsere Gartenterrasse.

Spezialitäten

Tagesmenü, Salatbuffet, Take-away, regionale Produkte, Monatsaktionen, Dessert und Kaffee, Sonntagsbrunch, Gartenterrasse mit Kinderspielplätzen, Bankette und Anlässe bis 150 Personen, Menüservice für Schulen und Krippen, gratis WLAN

15

Restaurant Balade, 4058 Basel

Öffnungszeiten
Montag bis Freitag 11 bis 14 Uhr,
17.30 bis 24 Uhr
Samstag 17 bis 23.30 Uhr

Adresse
Klingental 8
4058 Basel
Telefon 061 683 23 33

E-Mail / Web
info@restaurant-balade.ch
www.restaurant-balade.ch

Restaurants
Nordwestschweiz

Restaurant Balade

Im Herzen Kleinbasels, nahe dem Rhein, betreibt die gaw, arbeits- und wohnintegration (www.gaw.ch), seit Juni 2009 das bekannte Restaurant Balade. Das Balade verwöhnt Sie mit einer natürlichen und leichten Küche. Die Gerichte werden aus hochwertigen und möglichst regionalen Produkten frisch zubereitet. Abends sind die Gerichte in unterschiedlichen Portionengrössen erhältlich und natürlich beliebig kombinierbar. Lassen Sie sich von Benno Merz und seinem Team, zu welchem auch Auszubildende in der Küche und im Service gehören, verwöhnen.

Spezialitäten

Täglich servieren wir die drei Mittagsmenüs Wasser, Land und Garten. Im Angebot führen wir auch das «Bring Your Own-Menu», zu dem Sie Ihren eigenen Wein mitbringen können. Erfahren Sie mehr unter www.restaurant-balade.ch und abonnieren Sie dort unseren Newsletter.

Stiftung Battenberg, 2504 Biel-Bienne

stiftung|fondation battenberg
Berufliche Integration und Bildung | Intégration et formation professionnelles

Öffnungszeiten
Montag bis Freitag 6.30 bis 18.15 Uhr
Adresse
Südstrasse 55
2504 Biel-Bienne
Telefon 032 344 25 22
E-Mail / Web
info@battenberg.ch
www.battenberg.ch

Restaurants

Nordwestschweiz

Stiftung Battenberg

Lassen Sie sich von unserem Küchenteam kulinarisch verwöhnen. Nebst der Saisonkarte halten wir für Sie jeden Mittag Fleisch-, Fisch- und vegetarische Menüs und ein täglich wechselndes Salatbuffet bereit. Abends und an den Wochenenden stehen Küche und Räume für Ihre Firmen- oder Privatanlässe zur Verfügung. Gerne offerieren wir die Räumlichkeiten mit oder ohne Restauration. Wir bieten Platz für 120 Personen.

Wir freuen uns auf Ihren Besuch und heissen Sie herzlich willkommen in der Stiftung Battenberg.

Spezialitäten

Party-Service: Sie feiern ein Fest – wir besorgen den Rest! Verlangen Sie unsere Broschüre «Bestellen und Geniessen» oder öffnen Sie die Rubrik «Küche» unter dem Titel «Dienstleistungen» auf www.battenberg.ch.

Brot-Verkauf: Immer freitags von 7.30 bis 12 Uhr steht ein Brotsortiment aus eigener Herstellung zum Verkauf bereit.

INSOS GastroGuide

Bistro, 3065 Bolligen

bilden bewegt

Öffnungszeiten
Montag bis Donnerstag 7.30 bis 18.30 Uhr
Freitag 7.30 bis 23 Uhr
Samstag 7.30 bis 16 Uhr
Adresse
Dorfmärit 19
3065 Bolligen
Telefon 031 921 68 55
E-Mail / Web
bistro@agilas.ch
www.agilas.ch

Restaurants

Nordwestschweiz

Spezialitäten
täglich frisch aus der Region

Bistro

In unserem Bistro kommen Sie in den Genuss von frisch zubereiteten Mahlzeiten und Gerichten à la carte oder von selbstgemachten Desserts, Cakes und Kuchen. Weit über die Dorfgrenze hinaus haben sich unsere hausgemachten Spätzli und Gratins sowie die nach eigenem Rezept zubereitete Salatsauce einen Namen gemacht. Beim Einkauf berücksichtigen wir das regionale Angebot an saisonalen Produkten oder statten dem Mittwochmarkt in Bolligen einen Besuch ab.

21

INSOS GastroGuide

Kantine Werkhalle, 4142 Münchenstein

WERKHALLE
VSP Baselland

Öffnungszeiten
vgl. www.werkhalle.net

Adresse
Tramstrasse 66
4142 Münchenstein
Telefon 061 415 21 66

E-Mail / Web
tageszentrum.werkhalle@vsp-bl.ch
www.werkhalle.net

Restaurants

Nordwestschweiz

Kantine Werkhalle

Im Herzen der ehemaligen Aluminium Münchenstein, welche in ein lebendiges Freizeit- und Gewerbezentrum umgewandelt wurde, befindet sich in einem Fabrikgebäude die Kantine Werkhalle. Sie ist Teil des Tageszentrums und bietet als öffentliche Kantine eine Schnittstelle nach aussen. Die grosszügigen Räumlichkeiten, mit 60 Sitzplätzen und gedeckter Terrasse, können für Anlässe jeglicher Art gemietet werden. Die Kantine liegt verkehrsgünstig und ist mit den öffentlichen Verkehrsmitteln gut erreichbar.

Spezialitäten

Abwechslungsreiche und saisonale Gerichte sind uns sehr wichtig. Wählen Sie zwischen einem reichhaltigen Tages- und einem Vegimenü bestehend aus Suppe, Salat und Hauptgang.

INSOS GastroGuide

Bistro Belpberg, 3110 Münsingen

Bistro Belpberg

Öffnungszeiten
Montag bis Freitag 8.30 bis 17 Uhr
Samstag 9 bis 17 Uhr

Adresse
Belpbergstrasse 2
3110 Münsingen
Telefon 031 720 25 23

E-Mail / Web
info@whb.ch
www.whb.ch

Restaurants

Nordwestschweiz

MIR FRÖIE ÜS ÜBER ÖIE BSUECH!

Bistro Belpberg

Im Zentrum von Münsingen gelegen lädt das Bistro Belpberg zum Essen und Verweilen ein. In freundlicher und gepflegter Atmosphäre servieren wir Ihnen stets frische und saisonale Menüs. Neben dem Mittagsmenü mit und ohne Fleisch finden Sie bei uns verschiedene saisonale Angebote und eine abwechslungsreiche Diätküche (auch à la carte). Im Sommer bedienen wir Sie gerne auf unserer sonnigen Terrasse. Für private Apéros und Bankette steht das Bistroteam auch abends gerne zur Verfügung.

Spezialitäten

Tagesmenüs und Wochenhits ab Fr. 15.50, Frühstücksvariationen für jeden Geschmack, Teeangebot für Geniesser, abwechslungsreiche Diätküche

Rest. Psychiatriezentrum Münsingen, 3110 Münsingen

Öffnungszeiten
Montag bis Freitag 8.15 bis 19 Uhr
Samtag und Sonntag 9 bis 18.30 Uhr

Adresse
Hunzigenallee 1
3110 Münsingen
Telefon 031 720 86 73

E-Mail / Web
info.pzm@gef.be.ch
www.be.ch/pzm

Restaurants

Nordwestschweiz

Restaurant Psychiatriezentrum Münsingen

Das Restaurant des PZM bietet am Mittag drei Menüs und verschiedene Snacks sowie feine Backwaren und Desserts aus der hauseigenen Küche und Bäckerei an. Zusätzlich ein reichhaltiges Salatbuffet und im Sommer eine grosse Auswahl an Antipasti mit kalten und warmen Leckereien. Das Restaurant verfügt über 200 Sitzplätze. Im Sommer laden zwei schöne, grosszügige Gartenterrassen in einer kinderfreundlichen Anlage (Dampfbahn, Minigolf und Spielplatz) zum Verweilen ein.

Spezialitäten

Das Angebot wird erweitert durch spezielle kulinarische Wochen wie: Fondue/Raclette, indische Speisen, Pizza (zum selber Belegen) sowie Wild-, Fisch- und saisonale Spezialitäten.

Das PZM verfügt über gut ausgestattete und repräsentative Räume für Anlässe (Apéros, Firmen- und Familienanlässe) und für kulturelle Veranstaltungen.

Café Moospintli, 5630 Muri AG

Öffnungszeiten
Montag bis Freitag 11.30 bis 21 Uhr
Samstag 9 bis 21 Uhr
Sonntag 9 bis 18 Uhr
Sonntagsbrunch 9 bis 11.30 Uhr

Adresse
Murimoos
5630 Muri AG
Telefon 056 675 53 73

E-Mail/Web
info@murimoos.ch
www.murimoos.ch

Restaurants
Nordwestschweiz

Café Moospintli

Das Moospintli ist ein alkoholfreies Café. Sein gemütliches Ambiente lädt drinnen und draussen zum Verweilen ein. Zwischen Bewohnern und Besuchern entstehen hier ungezwungene, selbstverständliche Kontakte. Das Selbstbedienungscafé mit Fumoir hat ein Platzangebot im Parterre von rund 120 Plätzen, auf der Galerie (erreichbar auch mit Lift) sind es 55 Plätze. 80 bis 100 Plätze stehen im Freien auf der Terrasse zur Verfügung.

Spezialitäten
Montag bis Freitag Mittagsmenü und Salatbuffet, täglich Wähen und Hausgebäck, reichhaltiger Sonntagsbrunch (Reservation empfohlen)

INSOS GastroGuide

BIO Restaurant Landhof, 4133 Pratteln

Öffnungszeiten
Montag bis Donnerstag 8 bis 18 Uhr
Freitag 8 bis 23 Uhr

Adresse
Hertnerstrasse 19
4133 Pratteln
Telefon 061 511 07 07

E-Mail / Web
landhof@sinnenvoll.ch
www.landhof-pratteln.ch

Restaurants

Nordwestschweiz

BIO Restaurant Landhof

Im Landhof betreibt der Verein Sinnenvoll seit August 2011 ein BIO Restaurant mit rund 40 Plätzen. Das Restaurant ist schlicht und gemütlich eingerichtet. Im lauschigen Garten lassen sich im hektischen Pratteln einige gemütliche Momente verbringen. Die Küche zeichnet sich durch einen kreativen Umgang mit den ausschliesslich biologischen oder Demeter-Lebensmitteln aus.

Wir setzen auch viel Zeit zur Pflege unserer Lieferanten ein. So gehören mittlerweile einige Landwirtschaftsbetriebe unserer Region zu unseren Lieferanten. Unser Weinsortiment enthält nur Demeter-Weine und diese sind auch aus der Region – lassen Sie sich überraschen. Alles was in unserer Küche verarbeitet wird, kann auch in unserem Laden eingekauft und zu Hause selbst verarbeitet werden. Die Räumlichkeiten werden durch Wechselausstellungen von Kunstschaffenden gestaltet.

Spezialitäten

Unser Menü wird wöchentlich neu gestaltet und ist auf unserer Homepage ersichtlich. Einmal im Monat gibt es am Sonntag einen Brunch (10 bis 14 Uhr) zu geniessen. Die Samstage sind für unsere Gäste reserviert, welche sich etwas Spezielles gönnen (Geburtstag, Hochzeit usw.).

Humanus-Haus Beitenwil, 3113 Rubigen

Humanus-Haus Beitenwil
Sozialtherapeutische Werk- und Lebensgemeinschaft
3113 Rubigen, Tel. 031 838 11 11, www.humanus-haus.ch

Öffnungszeiten
Dienstag bis Freitag 10 bis 12 Uhr,
13.30 bis 18.30 Uhr
Samstag 10 bis 16 Uhr
Adresse
Beitenwil
3113 Rubigen
Telefon 031 838 11 42
E-Mail / Web
laden@humanus-haus.ch
www.humanus-haus.ch

Restaurants

Nordwestschweiz

Humanus-Haus Beitenwil

Unser Café, angeschlossen an den grossräumigen Laden, lädt zum Verweilen ein. In einer freundlichen Atmosphäre und zum Duft von frischen Backwaren und Broten aus unserer Demeter-Holzofenbäckerei können Sie unser breites Angebot an biologischem Gebäck, Getränken, hausgemachten Spezialitäten und kleinen Snacks geniessen. Wir überzeugen durch die hohe Qualität unserer Produkte und unsere vergleichsweise tiefen Preisen.

Wir sind in nur 5 Minuten ab der Autobahn Bern – Thun/Interlaken erreichbar (Ausfahrt Rubigen). Bahnbenützer spazieren ca. 15 Minuten ab Worb SBB. Sie werden in unserer grossen Gartenwirtschaft im Schatten der Lindenbäume eine Oase der Ruhe finden. Der wunderschöne Blick auf die Alpenkette erweitert unser Angebot und vermittelt Wohlbefinden.

Spezialitäten

Bio-Kräuterteemischungen und Gewürze aus eigener Produktion, hausgemachter Süssmost und Birnensaft in Demeter-Qualität, Bio-Patisserie, Bio-Guetzli und Teegebäck aus der eigenen Holzofenbäckerei, Demeter-Holzofenbrot und -Sandwiches, Bio-Glacé inklusiv Schafmilchglacé in Bio-Qualiät

INSOS GastroGuide

Mikado Café & Shop, 5210 Windisch

Öffnungszeiten
Montag bis Freitag 8 bis 17 Uhr
Samstag 8.30 bis 12 Uhr
Sonntag Ruhetag

Adresse
Habsburgstrasse 1A
5210 Windisch
Telefon 056 442 34 26

E-Mail / Web
info@mikado-cafe.ch
www.mikado-cafe.ch
www.stiftung-behinderte.ch

Restaurants
Nordwestschweiz

Mikado Café & Shop
Im Mikado Café & Shop bieten wir täglich à la carte-Menüs, Sandwiches, Holzofenpizza, Teigwaren mit hausgemachter Pastasauce, Saison-Salate mit unserer bekannten Salatsauce und vieles mehr an.

Café Domino
Mit den gleichen Qualitäten wartet übrigens unser zweiter Gastrobetrieb auf, das Café Domino in unserem Wohnheim an der Stückstrasse 2 in 5212 Hausen AG. Geöffnet Montag bis Freitag, 8.30 bis 17 Uhr, www.stiftung-behinderte.ch.

Beliebt und bewährt ist auch unser Cateringservice. Für Seminare und Bankette stehen Räumlichkeiten in Windisch und Hausen für Gruppen von 20 bis 120 Personen zur Verfügung.

Wir sind ein Integrations- und Ausbildungsbetrieb mit geschützten Arbeitsplätzen.

Spezialitäten
Wochenmenüs und Wochenhits ab Fr. 16.50, Holzofenpizza, Verkauf von Salat- und Pastasaucen sowie kunsthandwerklichen Produkten (Geschenkideen)

Esperanza, 3052 Zollikofen

esperanza
Restaurant

Öffnungszeiten
Montag bis Freitag 7 bis 16 Uhr
Abend und Wochenende auf Anfrage

Adresse
Alpenstrasse 58
3052 Zollikofen
Telefon 031 919 13 13

E-Mail / Web
esperanza.reservation@gewa.ch
www.restaurant-esperanza.ch

Restaurants
Nordwestschweiz

Spezialitäten
Tagesmenü, Wochenhit, Salat und warmes Buffet

Esperanza
Schnell etwas Gesundes essen über den Mittag? Mit Freunden ein Fest feiern? Eine Lesung mit Publikum? Herzlich willkommen im Restaurant «Esperanza». Zum Beispiel für eine Pause mit Kaffee und Gipfeli oder einem Mittagessen zu den üblichen Öffnungszeiten. Das helle Restaurant mit gemütlicher Lounge und Innenhof ist aber auch ein idealer Ort für eine private Feier oder einen kreativen Anlass ab 50 Personen. Hier lässt sich tanzen, diskutieren, spielen und natürlich gemeinsam essen.

Aliento
Besuchen Sie auch unser Restaurant «Aliento» in 3322 Urtenen-Schönbühl. Informationen finden Sie auf der Website www.restaurant-aliento.ch.

INSOS GastroGuide

Restaurant Incontro, 6341 Baar

Öffnungszeiten
Vermietung auf Anfrage:
Tagsüber Seminarräume, am Abend und an den Wochenenden Restaurant
Cafeteria mit Selbstbedienung:
Montag bis Freitag 8 bis 17 Uhr

Adresse
Untere Rainstrasse 31
6341 Baar
Telefon 041 781 68 68

E-Mail / Web
zuwebe@zuwebe.ch
www.zuwebe.ch

Restaurants

Zentralschweiz

Restaurant Incontro

Die zuwebe ist mit 360 Mitarbeitenden eine der grösseren Institutionen für Arbeit und Wohnen für Menschen mit Behinderung in der Zentralschweiz. Der Hauptbetrieb in Baar-Inwil wurde 2009 saniert und erneuert.

Abends und an den Wochenenden stehen das Restaurant sowie tagsüber die Seminarräume, die mit modernster Technik ausgestattet sind, für Ihren Firmen- oder Privatanlass zur Verfügung. Gerne offerieren wir Ihnen die Räumlichkeiten mit oder ohne Restauration. Unsere Mitarbeitenden sind motiviert, Ihnen einen gelungenen Anlass zu bieten. Kontaktieren Sie uns, ob Sitzung, Generalversammlung oder Feier – wir sind für Sie bereit!

Spezialitäten

Topmoderne Infrastruktur für Sitzungen, Vorträge oder Generalversammlungen; helle, grosse Räumlichkeiten; Saal mit Kapazität für 200 Personen; Abendanlässe nach Ihren Wünschen; Teamanlässe für Firmen, Vereine usw.

INSOS GastroGuide

Gasthaus PLUSPUNKT, 6440 Brunnen

Öffnungszeiten
Mittwoch bis Samstag 10 bis 24 Uhr
Sonntag 10 bis 22 Uhr
Adresse
Rosengartenstrasse 23
6440 Brunnen
Telefon 041 825 11 80
E-Mail/Web
info@pluspunkt.ch
www.pluspunkt.ch

Restaurants

Zentralschweiz

Spezialitäten
Täglich wechselnde Mittagsmenüs – gesund und schmackhaft

Gasthaus PLUSPUNKT
Im Gasthaus Pluspunkt legen wir grossen Wert auf regionale und naturnahe Frischprodukte. Mit Fischen aus den umliegenden Seen, Fleisch aus artgerechter Haltung und auch Bio-Produkten aus dem Gemüsegarten gestalten wir unser abwechslungsreiches, saisongerechtes Angebot.

Für Ihre persönliche Feier bieten wir Ihnen ein speziell auf Sie abgestimmtes Angebot. Erkundigen Sie sich nach unseren Bankettvorschlägen. Unsere Spezialisten beraten Sie gerne.

INSOS GastroGuide

Café Rathausen, 6032 Emmen

Öffnungszeiten
Montag bis Freitag 9 bis 18 Uhr
Samstag bis Sonntag 10 bis 18 Uhr

Adresse
Stiftung für Schwerbehinderte Luzern SSBL
Pavillon Rathausen
6032 Emmen
Telefon 041 269 37 00

E-Mail / Web
cafe@rathausen.ch
www.cafe.rathausen.ch

Restaurants

Zentralschweiz

Café Rathausen

Das Areal Rathausen liegt zwischen der Reuss und dem Rotsee in einer der schönsten Naherholungsgebiete mitten in der Agglomeration Luzern. Das Café ist eingebettet zwischen dem Amtshaus und dem ehemaligen Zisterzienserkloster und bietet 30 Innen- und 50 Aussenplätze an, welche zum gemütlichen Verweilen einladen. Die SSBL verfügt weiter über verschiedene Räumlichkeiten im Amtshaus und Kloster für Seminare, Geburtstagsfeiern usw. Gerne verwöhnt Sie unser Restaurantteam mit einem breiten Angebot.

Spezialitäten

Smoothie (hausgemachte Fruchtsäfte), Knabras und Choco-Cookie (aus der eigenen Bäckerei), hausgemachte Suppen, exquisite Sandwiches

In unserem Verkaufsladen, integriert im Café, finden Sie Produkte, die in den Ateliers der Stiftung hergestellt werden. Entdecken Sie Hausgemachtes, Verpacktes und Eingemachtes in unserem Sortiment. Mit dem Kauf unserer Produkte unterstützen Sie die Menschen mit Behinderung, welche in der SSBL begleitet und betreut werden. Der Erlös fliesst in die Freizeitgestaltung der Frauen und Männer mit Behinderungen.

INSOS GastroGuide

café sowieso, 6006 Luzern

Öffnungszeiten
Montag bis Freitag
Sommerzeit: 7.45 bis 18 Uhr
Winterzeit: 7.45 bis 17 Uhr
Samstag, Sonntag und Feiertage
geschlossen

Adresse
Wesemlinrain 3a
6006 Luzern
Telefon 041 412 33 66

E-Mail/Web
info@cafesowieso.ch
www.cafesowieso.ch

Restaurants

Zentralschweiz

café sowieso

Wenige Schritte vom Löwendenkmal entfernt, erwarten Sie lichtdurchflutete Räumlichkeiten und eine grosse Sonnenterrasse. Für unsere Gäste halten wir feine Zmorge, Tagesmenüs, à la carte-Gerichte und glushtige Desserts bereit. Ab 18 Uhr stehen unsere Räumlichkeiten für Privat- und Geschäftsanlässe zur Verfügung. Unser helles Sitzungszimmer für max. 50 Personen ist mit modernster Technik und WLAN ausgestattet. Wechselnde Bilderausstellungen bringen Farbtupfer in unsere Räume.

Spezialitäten

Leichte, marktfrische und saisonale Küche. Während der letzten Monatswoche bieten wir unseren Gästen jeweils feine hausgemachte Spezialitäten an. Im Herbst öffnen wir unsere Türen für gemütliche Abende mit herbstlichen Menüs. Unsere Hausspezialität **«GoKL»** (**G**üggeli **o**hne **K**nochen **L**uzern) servieren wir Ihnen gerne gegen Vorbestellung auf dem heissen Stein.

INSOS GastroGuide

Bistro EssWerk, 6005 Luzern

Öffnungszeiten
Montag bis Freitag 9.30 bis 15.15 Uhr
Adresse
Unterlachenstrasse 9
6005 Luzern
Telefon 041 369 68 68
E-Mail / Web
www.igarbeit.ch

Restaurants

Zentralschweiz

Bistro EssWerk

Seit der Eröffnung im Frühling 2009 hat sich das Bistro EssWerk im Haus der IG Arbeit Luzern als Treff- und Begegnungspunkt und Mittagstisch für Mitarbeitende, Fachpersonen und unsere zahlreichen externen Gäste etabliert. In unserer Produktionsküche werden alle Rohprodukte nach den modernsten Methoden verarbeitet. Wir wollen mit unserem gesunden und schmackhaften Angebot dem Trend zu Fertigprodukten entgegenwirken. Neben dem Bistro EssWerk beliefert unsere Produktionsküche auch diverse Restaurants in der Stadt Luzern. Das Team im EssWerk sorgt für ein schönes Ambiente und eine optimale Organisation der Abläufe.

Spezialitäten

Täglich ein gesunder und ausgewogener Tagesteller, kalte und warme Snacks, Suppen und Gebäck aus Eigenproduktion

Mensa EssSenti und Mensa Gütsch, 6003 Luzern

Öffnungszeiten
Gemäss Schulplan
Adresse
Sentimatt und Gütsch
6003 Luzern
Telefon 041 369 68 68
E-Mail/Web
gabie.burkhard@igarbeit.ch
www.igarbeit.ch

Restaurants

Zentralschweiz

Spezialitäten
Tägliche frische, gesunde und ausgewogene Menüs, Suppen, Snacks, Kuchen usw. – aus eigener Produktion

**Mensa EssSenti
und Mensa Gütsch**
Im Auftrag der Hochschule Luzern Design + Kunst und Pädagogik führen wir die zwei Mensen für die Studierenden und die Lehrkräfte. Ein zeitgemässes und täglich vor Ort frisch zubereitetes Angebot von gesunden Mahlzeiten und Snacks bildet die Grundlage für die erfolgreiche Zusammenarbeit. Für unsere Mitarbeitenden bedeutet dies ein anspruchsvolles, bisweilen hektisches Arbeitsumfeld sehr nahe am 1. Arbeitsmarkt mit forderndem Kundenkontakt. Auch dies eine optimale Ergänzung unseres Arbeitsangebotes im geschützten Bereich.

Zentrum Sonnhalde, 6313 Menzingen

Öffnungszeiten
Montag bis Freitag 12 bis 16.30 Uhr
Vormittag auf Anfrage
Samstag und Sonntag geschlossen

Adresse
Haldenstrasse 31
6313 Menzingen
Telefon 041 757 55 55

E-Mail / Web
info.zentrum@stiftung-maihof.ch
www.stiftung-maihof.ch

Restaurants

Zentralschweiz

Zentrum Sonnhalde

Das Zentrum ist einen Ausflug wert. Die einmalige Lage im Grünen mit Blick über das Zugerland lädt förmlich zum Verweilen ein. Zahlreiche Gratisparkplätze stehen unseren Besuchern zur Verfügung. Ausserdem verfügen wir über modern eingerichtete Räume, die wir Ihnen für verschiedene Anlässe und Seminare anbieten können. Die einladend und freundlich gestaltete Cafeteria bietet ein vielfältiges Angebot zu fairen Preisen. Bei schönem Wetter lädt unsere Terrasse zum Wohlfühlen und gemütlichen Zusammensein ein. Bedient werden Sie von Jugendlichen mit besonderen Lernbedürfnissen, die bei uns im Bereich der Hauswirtschaft eine Ausbildung absolvieren. Das Team Sonnhalde heisst Sie herzlich willkommen. Wir freuen uns auf Ihren Besuch.

Spezialitäten
Tagesmenü, vegetarisches Menü, Salatbuffet, Menüs von der Karte, Vierjahreszeiten-Menüs, Wochenhit

INSOS GastroGuide

Stiftung Behindertenbetriebe Uri, 6467 Schattdorf

Öffnungszeiten
Montag bis Freitag 7.30 bis 16.30 Uhr
oder auf Anfrage für Familienfeste
und Seminare

Adresse
Rüttistrasse 57
6467 Schattdorf
Telefon 041 874 15 15

E-Mail / Web
info@sburi.ch
www.sburi.ch

Restaurants

Zentralschweiz

Spezialitäten
Preiswerte Tagesmenüs oder Wochenhit, Catering-Service

Stiftung Behindertenbetriebe Uri
Die Stiftung Behindertenbetriebe Uri beschäftigt an geschützten Arbeitsplätzen 180 Menschen mit einer Behinderung. Sie zählt mit ihren rund 330 Personen in allen Bereichen zu den grössten Urner Arbeitgebern. In unserer Küche entstehen saisonale, ausgewogene, gesunde und abwechslungsreiche Menüs zu fairen Preisen. Lassen Sie sich von unserem gut ausgebildeten Personal verwöhnen. Im gemütlichen und freundlichen Personalrestaurant und Wintergarten bieten wir insgesamt für 270 Personen Platz an.

CAFEPUNTO, 8862 Schübelbach

Öffnungszeiten
Montag bis Freitag 9 bis 16.30 Uhr
Adresse
Haslenstrasse 30
8862 Schübelbach
Telefon 041 817 43 43
E-Mail/Web
info@bsz-stiftung.ch
www.bsz-stiftung.ch

Restaurants

Zentralschweiz

Spezialitäten
Preiswerte Mittagsmenüs, dreimal wöchentlich fleischlos

CAFEPUNTO

Zum Wohlfühlen und Verweilen ist das CAFEPUNTO die richtige Umgebung. Bei uns verpflegen Sie sich gut und preiswert. Die Profis in der Küche und im Service bieten Ihnen dafür die ideale Gelegenheit.

Abwechslungsreiche Menüs mit frischem, saisongerechtem Gemüse und Salaten. Für vegetarische Gäste haben wir ein feines Gericht im Mittagsangebot. Neben einem grösseren Sortiment an Kaffee und weiteren Getränken finden Sie bei uns auch Köstlichkeiten für den kleinen Hunger zwischendurch.

INSOS GastroGuide

Café Weidli, 6370 Stans

 WEIDLI

Öffnungszeiten
Montag bis Freitag 8 bis 17 Uhr
Dienstag und Donnerstag zusätzlich
19 bis 21.30 Uhr

Adresse
Weidlistrasse 4
6370 Stans
Telefon 041 618 78 32 direkt
Telefon 041 618 78 78

E-Mail / Web
info@weidli-stans.ch
www.weidli-stans.ch

Zentralschweiz

Café Weidli

Das Café der Stiftung Weidli ist ein Geheimtipp für Gäste, die einen besonderen Cappuccino schätzen. Kommt dazu, dass die aufmerksame Gästebetreuung durch die Mitarbeiterinnen zum Verweilen und Wohlfühlen einlädt. Am Mittag können unsere Gäste zwischen einem täglich wechselnden Mittagsmenü, einem Wochenhit sowie einem Gemüse- oder Salatteller wählen. Wir legen grossen Wert auf eine saisonale, leichte Küche und beziehen einen grossen Teil unserer Produkte aus der Region.

Spezialitäten

Im Sommer bietet unsere Gartenterrasse mit dem dazugehörigen Erlebnisplatz für jung und alt einen beliebten Begegnungsort. Unsere Gäste schätzen die hausgemachten Kuchen und in der Sommersaison unsere feinen Gelati. Von Oktober bis Mai finden jeweils am letzten Sonntag im Monat die legendären Ländler-Musiknachmittage statt. Unsere Räumlichkeiten können für Anlässe wie Geburtstage, Bankette, Sitzungen usw. reserviert werden.

INSOS GastroGuide

ConSol Bistro, 6300 Zug

Öffnungszeiten
Montag bis Freitag 8 bis 15 Uhr
Für Gruppen auch abends
Adresse
Ibelweg 24
6300 Zug
Telefon 041 760 74 10
E-Mail / Web
bistro@consol.ch
www.consol.ch

Restaurants

Zentralschweiz

ConSol Bistro

Das ConSol Bistro ist ein Personal- und Quartierrestaurant mit einer feinen, kreativen Küche. Geniessen Sie schmackhafte Menüs (Fleisch oder Vegi) und den freundlichen Service. Beliebt sind auch das gediegene Apérobuffet oder unsere Bankette und Caterings – beispielsweise das indische Buffet. Gerne bewirten und verwöhnen wir in unserem Bistro Gruppen bis zu 50 Personen. Fragen Sie nach unserem Angebot.

Spezialitäten

Frische und saisonale Küche. Der wöchentliche Menüplan kann auf der Website abonniert werden.

INSOS GastroGuide

ABA-Gastro, 8580 Amriswil

Öffnungszeiten
nach Vereinbarung
Adresse
Arbonerstrasse 17/19
8580 Amriswil
Telefon 071 414 13 13
E-Mail/Web
info@aba-amriswil.ch
www.aba-amriswil.ch

Restaurants

Ostschweiz

ABA-Gastro
Die Gastronomie des ABA Amriswil ist in der Region bekannt für Veranstaltungen, Vereinsanlässe, Versammlungen und Familienfeste. Dazu stehen unterschiedliche Räume (10 bis 100 Sitzplätze) wie Wintergarten, Saal mit Präsentationsequipment oder Gewölbekeller zur Verfügung. Auf Bestellung gestalten wir die Räumlichkeiten und Tische, bieten ein mögliches Rahmenprogramm und regeln den Service nach Ihren Wünschen. Zum Essen wählen Sie aus einem breiten Angebot an Apéros, Imbissen und mehrgängigen Menüs. Unser Team steht Ihnen für eine erfolgreiche Durchführung gerne zur Verfügung.

Spezialitäten
Veranstalter für Anlässe aller Art wie Geburtstagsfeiern, Versammlungen usw.

Kornhaus Bistro, 8374 Dussnang

KORNHAUS

Öffnungszeiten
Dienstag bis Freitag 10 bis 17 Uhr
Für Anlässe öffnen wir Ihnen
unser Bistro gerne auch ausserhalb
der regulären Öffnungszeiten.

Adresse
Schwalbenstrasse 7
8374 Dussnang
Telefon 071 977 24 73

E-Mail / Web
hauswirtschaft@kornhausvogelsang.ch
www.kornhausvogelsang.ch

Ostschweiz

Kornhaus Bistro
Entdecken Sie am südlichen Rand des Thurgaus unser gemütliches Bistro. Wir offerieren Ihnen ein täglich wechselndes Menü, Kuchen, verschiedene Desserts und Glacés, Getränke … alles bio und hausgemacht.

Spezialitäten
Unsere Küche ist «Goût Mieux» zertifiziert, d. h. wir pflegen eine natürliche, saisonale und regionale Küche und verwenden ausschliesslich Bio-Produkte.

INSOS GastroGuide

la terrasse, 8500 Frauenfeld

Öffnungszeiten
Montag bis Freitag 9 bis 23 Uhr
Samstag 9 bis 17 Uhr
Sonntag geschlossen

Adresse
Grabenstrasse 8
8500 Frauenfeld
Telefon 052 722 10 80

E-Mail / Web
la-terrasse@stift-hoefli.ch
www.la-terrasse-frauenfeld.ch

Ostschweiz

la terrasse

Willkommen in unserem Restaurant la terrasse. In diesem Restaurant absolvieren junge Menschen mit leichter Lernschwäche die Ausbildung zum/zur Restaurantangestellten. Diese Ausbildung ist eine sinnvolle Ergänzung zum bestehenden Berufsangebot (www.stift-hoefli.ch) und bietet eine wunderbare Möglichkeit, Ihnen unsere institutionseigenen Produkte vorzustellen.

Spezialitäten

Gediegene Atmosphäre lädt zum Geniessen ein mit einem leckeren Angebot an täglich frisch zubereiteten Speisen, feinsten Desserts, Torten, Patisserie und guten Weinen.

LandschaftsSINNfonie/Lukashaus Stiftung, 9472 Grabs

Öffnungszeiten
April bis Oktober 8 bis 18 Uhr
nur nach Voranmeldung
Samstag und Sonntag geschlossen

Adresse
Lukashausstrasse 2
9472 Grabs (SG)
Telefon 081 750 31 81

E-Mail / Web
info@lukashaus.ch
www.lukashaus.ch
www.landschaftssinnfonie.ch

Ostschweiz

Spezialitäten
Wochenmenüs inkl. Getränk ab Fr. 16.–

**LandschaftsSINNfonie /
Lukashaus Stiftung**

Essen ist ein Fest für die Sinne. Im Lukashaus wird noch mehr geboten: Im Projekt LandschaftsSINNfonie werden an verschiedenen Erlebnisstationen alle Sinne angesprochen und sensibilisiert. Das Einbeziehen von Tieren ergänzt das vielfältige Angebot. Alle Erfahrungsfelder sind in die naturnah gestaltete Parklandschaft eingebettet. Anschliessend Kaffee und Kuchen, Apéro, ein vollständiges Menü? Wir ermöglichen es!

Restaurant/Schloss-Café, 9435 Heerbrugg

Öffnungszeiten
Montag bis Freitag 8 bis 16 Uhr
Für Bankette ab 20 Personen auch
abends und am Wochenende geöffnet.
Adresse
Schlossstrasse 203a
9435 Heerbrugg
Telefon 058 228 67 03
E-Mail/Web
info@schloss-cafe.ch
schloss-cafe.ch

Ostschweiz

Restaurant/Schloss-Café

Herrliche Sicht in die Natur, Ruhe und ein modernes Ambiente warten auf Sie. Gekocht wird mit saisonal abgestimmten Frischprodukten aus der Region. Die Kräuter und Blüten stammen im Sommer aus dem eigenen Schlossgarten.

Das Schloss-Café in Heerbrugg befindet sich in unmittelbarer Nähe zum Bahnhof und im 3. Stock des ockerfarbenen Gebäudes von den St. Gallischen Psychiatrie-Diensten Süd.

Spezialitäten

Die Räumlichkeiten sind perfekt für Tagungen und Vorträge. Bankette und Apéritifs sind bis 60 Personen möglich. Bei schönem Wetter lädt die Garten-Terrasse zum Verweilen ein. Das Schloss-Café wird vom förderraum betrieben.

INSOS GastroGuide

Café-Bäckerei dreischiibe, 9100 Herisau

Öffnungszeiten
Montag bis Freitag 7 bis 18 Uhr
Samstag 7 bis 12.30 Uhr

Adresse
Gossauerstrasse 91
9100 Herisau
Telefon 071 353 80 70

E-Mail / Web
cafe@dreischiibe.ch
www.dreischiibe.ch

Restaurants

Ostschweiz

Café-Bäckerei dreischiibe
Unsere Bäckerei-Konditorei verwöhnt Sie mit feinsten Kreationen aus erlesenen Zutaten. Viele Sorten knuspriger Brote und 8½ Gipfelsorten erwarten Sie jeden Tag! Unter dem Label «feini Sach» steht in unserem Laden ein breites Angebot von Teigwarensorten, Antipasti, Konfitüren, Sirups und verschiedenen Saucen und vieles mehr parat. Alle unsere Angebote sind auch zum Mitnehmen erhältlich.

Spezialitäten
Verweilen Sie in den hellen und gediegenen Räumen im neu gebauten Café oder auf der grossen Sonnenterrasse bei hausgemachten Speisen und Desserts. Geniessen Sie dazu feine Kaffees und aromatische Kräutertees, teils aus biologischer Produktion. Täglich werden wechselnde Menüs und à la carte-Gerichte aus der mediterranen und einheimischen Küche von unserer Küchencrew mit Können und Herzblut kreiert. Unser grosses und buntes Salatbuffet bietet eine gesunde Vielfalt an frischen Salaten und Antipasti. Cateringservice. Parkplätze und Bushaltestelle beim Haus.

INSOS GastroGuide

Gastronomie Usblick, 8590 Romanshorn

Schön isst es hier

Öffnungszeiten
Montag bis Freitag 8 bis 18 Uhr
Ab 12 Personen auch am Abend
und am Wochenende

Adresse
Hofstrasse 5
8590 Romanshorn
Telefon 071 466 94 83

E-Mail / Web
usblick@brueggli.ch
www.usblick.ch

Restaurants

Ostschweiz

Usblick

Usblick hält, was der Name verspricht: eine prächtige Rundumsicht auf der höchstgelegenen öffentlichen Aussichtsplattform in Romanshorn. Eine ausgewogene, reichhaltige Gastronomie. Und die Möglichkeit, einander in einem einzigartigen Umfeld zu begegnen. Wir werden alles daran setzen, dass Sie sich bei uns rundum wohlfühlen.

Restaurant Seeblick: 240 Plätze
Restaurant Säntisblick: 40 Plätze
Churfirstensaal: 300 Plätze
Panorama-Terrasse: 300 Plätze
Seminarterrasse: 70 Plätze
Bar und Lounge: 30 Plätze

INSOS GastroGuide

Gasthaus Hans im Glück, 8302 Kloten

MÄRCHENHAFT FRISCH

Öffnungszeiten
Montag bis Freitag 9 bis 23 Uhr
Samstag und Sonntag 10 bis 23 Uhr

Adresse
Graswinkelstrasse 54
8302 Kloten
Telefon 044 800 15 15

E-Mail / Web
gasthaus@pigna.ch
www.pigna.ch

Restaurants

Zürich

Spezialitäten
Regionale Küche, wenn immer möglich aus biologischem Anbau. Wechselnde Spezialitätenkarte, Mittagsmenüs und Businesslunch von Montag bis Freitag.

Gasthaus Hans im Glück
Es war einmal eine Stiftung, die Menschen mit Behinderung Raum bieten wollte. Raum für ein würdiges Leben, Raum für sinnvolle Arbeit, Raum für ein Miteinander, das von Respekt und Wohlwollen geprägt ist. Diese Stiftung namens Pigna entwickelte sich so gut, dass sie ihre Ideale auch mit den Menschen von draussen teilen wollte. Und so wurde, inmitten der Wohnstätten und Ateliers der Bewohnerinnen und Bewohner mit Behinderung, ein Gasthaus errichtet.

Restaurant Traube Ottikon, 8626 Ottikon

Öffnungszeiten
Montag bis Freitag 11 bis 14 Uhr,
17 bis 24 Uhr
Samstag 17 bis 24 Uhr
Sonntag 11 bis 24 Uhr
Mittwoch geschlossen

Adresse
Bönlerstrasse 21
8626 Ottikon
Telefon 044 935 17 80

E-Mail/Web
kontakt@traube-ottikon.ch
www.traube-ottikon.ch

Zürich

Restaurant Traube Ottikon

Das ultimative Bio-Restaurant im Zürcher Oberland, bekannt für seine kulinarischen Leckerbissen! Das Restaurant ist rauchfrei. Wir sind als einziges Restaurant im Zürcher Oberland mit der Bio-Knospe und von Goût-Mieux (WWF) zertifiziert. Auch folgen wir den Grundsätzen der Slow-Food-Vereinigung. Das bedeutet, wir nehmen uns Zeit zum Kochen – Sie nehmen sich Zeit zum Geniessen. In unserer Menükarte finden Sie immer vegane und glutenfreie Menükreationen.

Wir bieten in Zusammenarbeit mit dem Verein Sorebo Ausbildungsplätze für Jugendliche mit schwierigem Hintergrund an.

Spezialitäten

Unsere Küche ist zertifiziert mit der Bio-Knospe und dem Goût-Mieux-Label (WWF). Wir bieten auch immer Menüs für Allergiker an wie glutenfreie, vegane Kreationen usw.

INSOS GastroGuide

Oase Bio-Laden Bistro Take-Away, 8630 Rüti

Oase Bio-Laden Bistro Take-Away
Ein Angebot der Stiftung für Ganzheitliche Betreuung

Öffnungszeiten
Dienstag bis Freitag 8.30 bis 18.30 Uhr
Samstag 8 bis 15 Uhr

Adresse
Dorfstrasse 45
8630 Rüti
Telefon 055 260 20 06

E-Mail / Web
oase@sfgb.ch
www.sfgb.ch

Zürich

Oase Bio-Laden Bistro Take-Away
Pausen in der «Oase» sind wie Oasen in der Wüste des Alltags: Ganz nach diesem Motto können Sie im Bistro der «Oase» in Rüti Ihre Pause geniessen und/oder im Laden Gesundes einkaufen. Mit grosser Freude komponiert das engagierte Küchenteam täglich mit edlen Lebensmitteln und frischem Gemüse in Bio-Qualität ein köstliches Menü. Knackige Salate, welche liebevoll in der hauseigenen Bio-Gärtnerei produziert werden, stehen ebenfalls täglich auf dem Menüplan.

Spezialitäten
Biologische Küche, Tagesmenü ab Fr. 14.40, Take-away, Gemüse aus hauseigener Bio-Gärtnerei

INSOS GastroGuide

Mühleacker Restaurant, 8952 Schlieren

Öffnungszeiten
Montag bis Freitag 9 bis 17 Uhr
Für Anlässe auch ausserhalb der
regulären Öffnungszeiten

Adresse
Mühleackerstrasse 15
8952 Schlieren
Telefon 043 495 02 80

E-Mail / Web
info@muehleacker.ch
www.muehleacker.ch

Restaurants

Zürich

Spezialitäten
siehe www.muehleacker.ch

Mühleacker Restaurant

Ein helles Lokal an ruhiger Lage, mit gemütlicher Atmosphäre und lauschigem Garten. Wir bieten saisonale, abwechslungsreiche Mittagsteller an und verwöhnen Sie mit feinem Kaffee, hausgemachten Kuchen und Desserts. Unser Angebot wird ergänzt durch soziokulturelle Anlässe, Cateringservice, Mahlzeitenlieferungen und Sitzungsraum mit WLAN-Anschluss. Gerne organisieren wir für Sie Feste aller Art.

Wir sind ein Integrationsbetrieb und schaffen Arbeitsplätze für Menschen mit einer Leistungsbeeinträchtigung. Träger ist der Verein sintegrA zürich.

Gastro & Events Wagerenhof, 8610 Uster

STIFTUNG WAGERENHOF

Öffnungszeiten
Montag bis Freitag 7 bis 18.15 Uhr
Samstag und Sonntag 8 bis 17 Uhr
Mittagessen 11.30 bis 13.30 Uhr
Sonntagsbrunch im Gewächshaus der Gärtnerei jeweils am 1. Sonntag im Monat 9.30 bis 12.30 Uhr (nur mit Vorreservation, Anz. Plätze beschränkt)

Adresse
Asylstrasse 24
8610 Uster
Telefon 044 905 13 57

E-Mail / Web
gastroevents@wagerenhof.ch
www.wagerenhof.ch

Restaurants

Zürich

Gastro & Events Wagerenhof

Planen Sie ein Seminar, einen Apéro, einen festlichen Anlass oder wünschen ein Catering? Bei uns im Wagerenhof stehen Ihnen nicht nur verschiedene Räume zur Verfügung, wir servieren Ihnen auch exzellente Speisen in einer reichhaltigen Auswahl. Frisch zubereitet und von hoher Qualität. Was wir nicht vom eigenen Bio-Hof verwenden, beziehen wir aus der nahen Region. Gerne beraten wir Sie individuell. In unserer Cafeteria bieten wir täglich wechselnde Mittagsmenüs zu günstigen Preisen an.

Spezialitäten

Unsere Cafeteria ist ein Ort der Begegnung. Mitarbeitende treffen sich zum Kaffee, Bewohnerinnen und Bewohner halten hier ihren nachmittäglichen Plausch. Mitarbeitende wie auch Gäste von ausserhalb geniessen zur Mittagszeit die schmackhaften und gesund zubereiteten Mahlzeiten (Selbstbedienung).

Restaurant 8610, 8610 Uster

Öffnungszeiten
Montag bis Dienstag 8 bis 17.30 Uhr
Mittwoch bis Freitag 8 bis 22 Uhr
(an Feiertagen geschlossen)

Adresse
Friedhofstrasse 3a
8610 Uster
Telefon 044 940 86 10

E-Mail / Web
8610@werkheim-uster.ch
www.werkheim-uster.ch
www.facebook.com/restaurant8610

Restaurants

Zürich

Restaurant 8610
Das Restaurant 8610 zeichnet sich durch eine hervorragende Küche aus: Das 8610-Team bereitet aus mehrheitlich einheimischen Produkten raffinierte, mediterrane Gerichte zu und überzeugt mit hausgemachter Patisserie. Im Restaurant, an der Bar oder im Garten serviert das 8610 seinen Gästen an Werktagen Znüni, Mittagessen, Zvieri, Feierabendgetränk und Abendessen. Das 8610 beliefert auch das Stadtparkcafé in Uster, das ebenfalls vom Werkheim Uster geführt wird.

Spezialitäten
Unsere Speisekarte ist saisonal inspiriert und wechselt alle zwei Monate.

Mittagsmenüs Fr. 18.–/22.–
Hauptgerichte Fr. 24.–/50.–

Bei Essensbestellungen ab Fr. 15.–/Person erhalten Gäste kostenlos Ustermer Wasser mit Kohlensäure versetzt.

Bankette für bis zu 120 Personen
Event-Saal Seeblick: 84 Plätze
Foyer Durchblick: 36 Plätze
Seeblick & Durchblick: 120 Plätze
Saal Augenblick: 60 Plätze
À-la-carte-Restaurant: 40 Plätze
Augenblick & Restaurant: 100 Plätze

Caterings für 40–300 Personen

Bühl-Laden / Giardino, 8820 Wädenswil

Stiftung Bühl
Zentrum für Heilpädagogik und berufliche Eingliederung

Öffnungszeiten
Bühl-Laden: Dienstag bis Freitag
9 bis 18.30 Uhr, Samstag 8 bis 16 Uhr
Giardino. Dienstag bis Freitag
9 bis 19 Uhr, Samstag 8 bis 16 Uhr

Adresse
Schönenbergstrasse 5
8820 Wädenswil
Tel. Bühl-Laden: 044 783 17 90
Tel. Giardino: 044 783 17 91

E-Mail / Web
laden@stiftung-buehl.ch, giardino@stiftung-buehl.ch
www.stiftung-buehl.ch/floristik
www.stiftung-buehl.ch/lebensmittel
www.stiftung-buehl.ch/giardino

Zürich

Spezialitäten
Wir setzen auf Qualität und verwenden, wo immer möglich, biologische Produkte, viele davon aus den eigenen Betrieben der Stiftung Bühl.

Bühl-Laden
In unserem Bühl-Laden führen wir ein reichhaltiges Angebot an Bio-Lebensmitteln. Viele stammen aus der Bio-Gärtnerei oder der Bio-Landwirtschaft der Stiftung Bühl. Das Angebot runden wir durch vielfältige Floristikangebote ab.

Giardino
Wir heissen Sie herzlich willkommen im Giardino – unserem Sommercafé. Bei uns findet jeder etwas nach seinem Gusto. Die gemütliche Apéro-Lounge im Herzen von Wädenswil lädt ein, warme Sommertage in vollen Zügen zu geniessen. Wir freuen uns auf Sie.

INSOS GastroGuide

Stiftung Bühl – Bankett & Catering, 8820 Wädenswil

Adresse
Rötibodenstrasse 10
8820 Wädenswil
Telefon 044 783 18 31
E-Mail / Web
gastronomie@stiftung-buehl.ch
www.stiftung-buehl.ch/catering

Restaurants

Zürich

Stiftung Bühl – Bankett & Catering
Planen Sie einen Anlass von 50 bis 2000 Personen? Wird sind für Sie da! Wir bedienen Sie nach Wunsch in Ihren eigenen Räumlichkeiten, in unseren Räumen (bis 100 Personen) oder wo immer Sie dies wünschen. Wir bereiten Ihnen von einfachen, aber schmackhaften Mahlzeiten bis hin zu raffinierten Gourmet-Angeboten alle Menüvarianten zu – ganz nach Ihren Vorstellungen. Ihr Anlass soll zu einem unvergesslichen Erlebnis werden. Lassen Sie sich von uns verwöhnen – wir beraten Sie gerne.

Spezialitäten
Qualität ist uns wichtig. Viele verwendete Zutaten sind aus der eigenen Bio-Gärtnerei oder Bio-Landwirtschaft der Stiftung Bühl.

Restaurant IWAZ, 8620 Wetzikon

Öffnungszeiten
Dienstag bis Samstag 9 bis 23.30 Uhr
Sonntag 9 bis 17 Uhr
Montag geschlossen

Adresse
Neugrundstrasse 1
8620 Wetzikon
Telefon 044 933 23 66

E-Mail/Web
restaurant@iwaz.ch
www.iwaz.ch

Zürich

Restaurant IWAZ

Begegnen – wohlfühlen – geniessen. An diesem Motto richtet das Restaurant IWAZ seine Tätigkeiten aus. Unser innovatives Küchenteam verwöhnt unsere Gäste mit verlockend abwechslungsreichen, beliebten, traditionellen, aber auch nicht alltäglichen Gerichten. Auf ein marktfrisches Angebot wird ebenso geachtet wie auf moderate Preise. Das Restaurant IWAZ verfügt über ideale Räumlichkeiten für Bankette wie Hochzeiten, Familienfeste und Firmenanlässe für bis zu 200 Personen. Für Tagesseminare steht eine moderne Infrastruktur zur Verfügung. Im Sommer wird das grosse Gartenrestaurant an ruhiger Lage sehr geschätzt.

Spezialitäten

Tägliches Mittagsbuffet mit einem à-discrétion-Angebot. Weine aus dem attraktiven Angebot sind auch offen erhältlich.

Sousol Wetzikon, 8620 Wetzikon

Öffnungszeiten
Montag bis Freitag 11 bis 14.30 Uhr
Samstag und Sonntag geschlossen

Adresse
Binzackerstrasse 37
8620 Wetzikon
Telefon 043 495 24 36

E-Mail / Web
kontakt@sousol.ch
www.sousol.ch

Restaurants

Zürich

Sousol Wetzikon
Das Sousol ist ein Cantinenbetrieb im Industriegebiet von Wetzikon/Kempten, zugleich ein Betrieb des Restaurants Traube in Ottikon und bildet Lernende in Zusammenarbeit mit dem Verein Sorebo aus.

Spezialitäten
Unsere Küche ist mit der Bio-Knospe zertifiziert. Wir beliefern Schulen, Firmen, usw. mit unseren täglich frisch gekochten Menüs. Unsere Crew verwöhnt Sie gerne an Ihrem Anlass mit Catering, Live Cooking, Grilladen, usw.

INSOS GastroGuide

Bistro Dimensione, 8400 Winterthur

Öffnungszeiten
Montag bis Freitag 9 bis 17 Uhr
Adresse
Neustadtgasse 2
8400 Winterthur
Telefon 052 212 40 14
E-Mail / Web
bistro@dimensione.ch
www.dimensione.ch

Zürich

Bistro Dimensione

Das Bistro Dimensione ist ein Ort, an dem alle herzlich willkommen sind. In freundlicher Atmosphäre servieren wir ein liebevoll zubereitetes Menü mit marktfrischen Produkten zu vernünftigem Preis. Im Dimensione findet auch Kultur statt: In der Regel organisieren wir wöchentlich ein Konzert. Zudem werden unsere Wände alle sechs Wochen mit neuen Bildern geschmückt, die auch von Ihnen stammen könnten. Das Lokal kann für spezielle Anlässe wie Geburtstagsfeiern, Jubiläen oder Geschäftsessen gemietet werden.

Spezialitäten

Das Bistro Dimensione strebt einen abwechslungsreichen Menüplan mit frischen, saisongerechten Produkten an. Jeden Tag gibt es ein Hauptmenü, dazu gehört eine Suppe oder ein Salat. Selbstgebackene Pizzas und Kuchen ergänzen das Angebot. Auf der Homepage können sich Gäste über den Menüplan informieren. Der Preis ist günstig – mit der Kulturlegi und für Personen in Ausbildung gibt es aufs Essen 30 % Rabatt.

INSOS GastroGuide

Restaurant Neumarkt, 8400 Winterthur

Öffnungszeiten
Montag bis Freitag 7.30 bis 17 Uhr
Samstag 8 bis 17 Uhr
Sonntag 10 bis 17 Uhr
Adresse
Neumarkt 6
8400 Winterthur
Telefon 052 203 44 14
E-Mail / Web
neumarkt@bruehlgut.ch
www.restaurant-neumarkt.ch

Restaurants

Zürich

Spezialitäten
Hausgemachte Pasta, Take-away, Patisserie und Torten aus der Hausbäckerei

Restaurant Neumarkt
Mitten im Herzen der Winterthurer Altstadt liegt unser stilvoll eingerichtetes Restaurant. Wir bieten Arbeits- und Ausbildungsplätze für Menschen mit Beeinträchtigung an. Über Mittag servieren wir marktfrische Spezialitäten, welche die Gäste nach individuellem Geschmack kombinieren, und zum Kaffee leckere Patisserie, Torten und Backwaren aus der Hausbäckerei. Wer es eilig hat, bezieht unser Angebot über die Gasse. Am Samstag und Sonntag bieten wir von 10 bis 14 Uhr ein leckeres Brunchbuffet. Ausserhalb der regulären Öffnungszeiten sind wir der ideale Ort für Firmen- und Privatanlässe.

INSOS GastroGuide

Wyden Café, 8408 Winterthur

Öffnungszeiten
Montag bis Freitag 8 bis 17.30 Uhr
Samstag 8 bis 12 Uhr (während der Marktsaison)

Adresse
Euelstrasse 48
8408 Winterthur
Telefon 052 224 55 33

E-Mail / Web
cafe.wyden@bruehlgut.ch
www.bruehlgut.ch

Restaurants

Zürich

Spezialitäten
Kreative Eigenprodukte, Backwaren und
Kleingebäck aus der Hausbäckerei

Wyden Café
Ruhig und in unmittelbarer Nähe zum Naherholungsgebiet gelegen, lädt das Wyden Café zum Verweilen und Geniessen ein. Nehmen Sie sich Zeit und lassen Sie sich von unseren Mitarbeitenden mit Hausspezialitäten aus Küche und Bäckerei verwöhnen. Wir bieten Arbeits- und Ausbildungsplätze für Menschen mit Beeinträchtigung an. Unser Speiseangebot richtet sich nach der Saison, der Menüplan wechselt wöchentlich. Von Frühling bis Herbst findet jeden Samstagvormittag der Wyden Markt statt: Marktfahrer aus der Region verkaufen Obst, Gemüse, Backwaren, Milchprodukte, hausgemachte Konfitüre und Pasta. Vor oder nach dem Einkauf verwöhnt Sie das Wyden Café mit seinen Köstlichkeiten.

INSOS GastroGuide

Restaurant Brunegg, 8002 Zürich

BRUNEGG
DAS FEINE RESTAURANT

Öffnungszeiten
Montag bis Freitag 9 bis 14 Uhr,
17.30 bis 23.30 Uhr
Samstag und Sonntag für Anlässe
auf Anfrage

Adresse
Brunaustrasse 61
8002 Zürich
Telefon 043 222 48 66

E-Mail / Web
restaruant@brunegg.com
www.brunegg.com

Zürich

Spezialitäten
Frische, leichte und saisonale Küche. Produkte aus umweltgerechtem Anbau, Fleisch aus artgerechter Tierhaltung. Traditionsreiche Schweizer Gerichte modern interpretiert.

Restaurant Brunegg
Helles, modernes Gourmetlokal im schönen Zürcher Enge-Quartier. Kreative, saisonale Gerichte, raffiniert zubereitet aus qualitativ erstklassigen Produkten, die – wann immer möglich – von Betrieben aus der Region stammen. Die tagesfrischen Menüs und die Hausspezialitäten Cordon Bleu und Leberli machen jeden Besuch zu einem Highlight. Ideal für einen feinen Businesslunch, ein köstliches Dinner oder eine Familienfeier.

INSOS GastroGuide

Restaurant Café Glättli, 8048 Zürich

Öffnungszeiten
Montag bis Freitag 9 bis 17 Uhr
Samstag und Sonntag 14 bis 17 Uhr

Adresse
Glättlistrasse 40
8048 Zürich
Telefon 044 439 34 33

E-Mail / Web
cafe@wohnstaetten.ch
www.wohnstaetten.ch

Zürich

Restaurant Café Glättli

Lassen Sie sich von unserer abwechslungsreichen Küche verwöhnen und geniessen Sie unser lichtdurchflutetes Ambiente mit zuvorkommendem Service. Im Sommer bedienen wir Sie gerne auf der Terrasse, welche von einem schönen Garten umgeben ist. In unserem Team arbeiten Menschen mit einer geistigen/körperlichen Beeinträchtigung und Gastroprofis miteinander. Dies macht uns einzigartig und vermittelt einen besonderen Anreiz für einen weiteren Besuch.

Spezialitäten

Saisonale Spezialitätenkarte, täglich wechselndes Mittagangebot, nachmittags Kaffee und Kuchen. Ausgewogenes Preis-Leistungs-Verhältnis. Integrations- und Ausbildungsbetrieb mit geschützten Arbeitsplätzen.

Restaurant Krone, 8048 Zürich

Öffnungszeiten
Montag bis Samstag 9 bis 23.30 Uhr
Sonntag 10 bis 15 Uhr

Adresse
Badenerstrasse 705
8048 Zürich
Telefon 044 211 33 88

E-Mail/Web
krone@arbeitskette.ch
www.krone-altstetten.ch

Restaurants

Zürich

Restaurant Krone
In der Krone lebt die gute alte Zeit wieder auf: Die heimelige Gaststube, das gemütliche Stübli, urige Kachelöfen und knarrende Holzriemenböden lassen nicht nur Nostalgikerherzen höher schlagen.

Spezialitäten
In der Krone erfreuen raffinierte Variationen das Auge und den Gaumen. Geniessen Sie Selbstgemachtes aus marktfrischen, regionalen Zutaten und Gerichte mit Tradition wie z.B. die legendären «Trois Filets».

INSOS GastroGuide

Restaurant Limmathof, 8005 Zürich

Öffnungszeiten
Montag 9 bis 14 Uhr
Dienstag bis Freitag 9 bis 23.30 Uhr
Sonntag 10 bis 16 Uhr

Adresse
Limmatstrasse 217
8005 Zürich
Telefon 044 273 50 51

E-Mail / Web
limmathof@arbeitskette.ch
www.restaurantlimmathof.ch

Zürich

Restaurant Limmathof

Helles, modernes Feinschmeckerlokal im urbanen Zürcher Kreis 5. Von morgens bis abends vielseitige gastronomische Erlebnisse im Restaurant oder bei schönem Wetter auch draussen. Frühstück täglich bis 11.30 Uhr, sonntags ausgiebiger Brunch bis 15.30 Uhr. Die althergebrachten Delikatessen wie Leberli und die saisonal wechselnden Mittags- und Abendmenüs überzeugen durch ihre raffinierte Zubereitung. Bei den verwendeten Produkten wird viel Wert auf umweltgerechten Anbau bzw. artgerechte Tierhaltung gelegt.

Spezialitäten

Frische, leichte und saisonale Küche. Produkte aus umweltgerechtem Anbau und Fleisch aus artgerechter Tierhaltung. Traditionell zubereitete Innereien.

INSOS GastroGuide

Restaurant Mediacampus, 8048 Zürich

Öffnungszeiten
Montag bis Freitag 8 bis 16 Uhr
Samstag und Sonntag für Anlässe
auf Anfrage
Adresse
Baslerstrasse 30
8048 Zürich
Telefon 043 321 85 65
E-Mail / Web
mediacampus@arbeitskette.ch
www.restaurantmediacampus.ch

Restaurants

Zürich

Restaurant Mediacampus
Trendiges, öffentliches Selbstbedienungs- und Eventlokal in unmittelbarer Nähe des Letzigrundstadions in Zürich-Altstetten. Frische, leichte, saisonale und regionale Küche zu fairen Preisen (Mittagsmenüs ab Fr. 15.30). Die verwendeten Produkte stammen überwiegend aus umweltgerechtem Anbau bzw. aus artgerechter Tierhaltung. Bei schönem Wetter lässt sich das Leben auf der mediterranen Sonnenterrasse bei würzigen Grilladen und knackigen Salaten so richtig geniessen.

Spezialitäten
Frische, leichte und saisonale Küche. Produkte aus umweltgerechtem Anbau, Fleisch aus artgerechter Tierhaltung. Bankette bis zu 100 Personen, im Sommer Terrasse mit mediterranem Flair.

Restaurant Renggergut, 8038 Zürich

Öffnungszeiten
Montag bis Freitag 9 bis 17 Uhr
Samstag und Sonntag geschlossen
Für Anlässe und Bankette auf Anfrage
geöffnet

Adresse
Renggerstrasse 68
8038 Zürich
Telefon 044 483 04 77

E-Mail / Web
renggergut@arbeitskette.ch
www.renggergut.ch

Zürich

Spezialitäten
Frische, leichte und saisonale Küche. Produkte aus umweltgerechtem Anbau, Fleisch aus artgerechter Tierhaltung. Catering für Anlässe aller Art sowie tägliche Belieferungen von Firmen, deren Kunden oder Mitarbeitenden.

Restaurant Renggergut
Geschmackvoll eingerichtetes Lokal mit Wintergarten und Gartenwirtschaft. Im Renggergut stellt man sich sein Lieblingsmenü aus einer gluschtigen Auswahl an drei Vorspeisen, drei Hauptspeisen und den Beilagen selber zusammen. Am Nachmittag trifft man sich zu einem Schwatz bei Kaffee und Kuchen. Der Renggergut-Catering-Service bringt zudem erlesene Gaumenfreuden an die gewünschte Adresse. Jeweils ab 18 Uhr steht das Bistro für Firmen- oder Privatanlässe zur Verfügung.

INSOS GastroGuide

Stiftung Züriwerk Werkbar, 8050 Zürich

Öffnungszeiten
Montag bis Freitag 7.30 bis 16.30 Uhr
Samstag und Sonntag geschlossen

Adresse
Leutschenbachstrasse 45
8050 Zürich
Telefon 044 300 13 30

E-Mail / Web
werkbar@zueriwerk.ch
www.zueriwerk.ch

Restaurants

Zürich

Spezialitäten
Feine Sandwiches, Salate, Suppen, Säfte, Kaffee, Süsses und vieles mehr

Stiftung Züriwerk Werkbar
Die Werkbar ist gesunder Take-away und mehr… Wir bieten Ihnen in sympathischem und unkompliziertem Ambiente ein täglich frisch zubereitetes, saisonales Take-away-Angebot an. Das neue Lokal übernimmt auch Dienstleistungen für grosse und kleine Unternehmen in der Umgebung: Mehrere Mitarbeitende mit Leistungseinschränkung erledigen praktische und vielfältige Arbeiten wie Einkäufe, Botengänge, Blumenservice… Das Werkbar-Team freut sich über Ihren Besuch!

INSOS GastroGuide

Vier Linden Imbiss Café, 8032 Zürich

Öffnungszeiten
Montag bis Freitag 6.30 bis 18.30 Uhr
Samstag 6.30 bis 16 Uhr

Adresse
Freiestrasse 50
8032 Zürich
Telefon 044 268 88 10

E-Mail / Web
vier-linden@bluewin.ch
www.vierlinden.ch

Restaurants

Zürich

Vier Linden Imbiss Café
Unser Imbisscafé liegt mitten im Hottingerquartier. Besuchen Sie uns für eine kurze Pause im Boulevardcafé für einen Imbiss oder ein vegetarisches Mittagessen. Wir liefern Apéro-Köstlichkeiten und mit unserem Catering-Service bedienen wir Geschäfts- und Privatkunden.

Zur «Bio-Insel» gehört auch die Holzofenbäckerei, das Reformhaus, ein Traiteur mit Fertiggerichten und die Boutique mit Kinderspielsachen und Büchern. Mit diesem Ensemble wird Vier Linden zum Verpflegungs- und Einkaufserlebnis. Vier Linden – vier Läden.

Spezialitäten
Von Montag bis Freitag werden in unserer Küche je ein Tages- und ein Wochenmenü ausschliesslich in Bio- und wenn möglich in Demeter-Qualität zubereitet. Eine Vielfalt an Snacks, Suppen und knackig frischen Salaten ergänzen unser Sortiment. Aus der angeschlossenen Konditorei erwartet Sie eine grosse Auswahl an Kuchen, Patisserie, Desserts und hausgemachten Glacés. Das Vier Linden-Team heisst Sie herzlich willkommen – wir freuen uns auf Ihren Besuch!

Rosière Café, 1470 Estavayer-le-Lac

Heures d'ouverture
Du lundi au vendredi de 8 h à 15 h 30

Adresse
Rte d'Yverdon 44
1470 Estavayer-le-Lac
Téléphone 026 663 99 34

Courriel/Internet
rosiere@swissonline.ch
www.rosiere.ch

Restaurants

Romandie

Rosière Café

Situé au centre d'Estavayer-le-Lac, ville médiévale surplombant la plus belle rive du lac de Neuchâtel et sa réserve naturelle de la Grande Cariçaie, Rosière Café est un restaurant self-service flambant neuf de 100 places assises, dirigé par une équipe de cuisiniers professionnels, secondés par une dizaine de personnes en situation de handicap mental. Du lundi au vendredi, deux menus à choix sont proposés de 11 h 30 à 12 h 45. Dès 4 personnes, il est préférable de réserver la veille.

Pour les grands groupes, un service à table est prévu. Dès 18 h en semaine, ainsi que les samedis et dimanches, le restaurant peut être loué pour des événements tels que fête de famille ou repas du personnel. La salle, équipée de divers moyens multimédias, peut être divisée par une paroi amovible pour diverses conférences ou assemblées. En été, une magnifique terrasse pourvue d'un grand store offre 60 places. Sur demande, notre service traiteur est à votre disposition.

INSOS GastroGuide

LE VOISIN, 1709 Fribourg

Heures d'ouverture
Du lundi au vendredi de 7 h 30 à 17 h 30
Repas servis entre 11 h 30 et 13 h 30

Adresse
route des Daillettes 1
1709 Fribourg
Téléphone 026 426 02 34

Courriel / Internet
levoisin@cisf.ch
www.levoisin.ch

Restaurants

Romandie

LE VOISIN

On y vient en voisin. Parfois seul, souvent en compagnie, ou pour un repas de travail. On y vient parce qu'on est bien accueilli, bien servi. Parce qu'on y mange bien. Parce qu'on s'y sent bien. Parce qu'on aime se détendre sur la terrasse, se ressourcer dans le jardin. Pour le plaisir de quelques échanges: des mots, des sourires.

Spécialités

Vous découvrirez, au fil des saisons, des plats variés, une nourriture où fraîcheur, finesse et équilibre se conjuguent avec un service attentionné. Trois menus sont proposés: restaurant, Fourchette verte et self-service.

INSOS GastroGuide

Clair d'Arve, 1205 Genève

Heures d'ouverture
Du lundi au vendredi de 8 h 30 à 16 h 30
Fermé samedi et dimanche
Adresse
11, rue des Minoteries
1205 Genève
Téléphone 022 322 85 05
Courriel / Internet
cuisine.cbm@clairbois.ch
www.clairbois.ch

Romandie

Clair d'Arve
En plein centre ville dans une zone piétonne, le restaurant vous propose quotidiennement un menu du jour équilibré et une suggestion, préparés avec des produits sains. Le matin, des viennoiseries et des jus de fruits frais pressés accompagnent votre petit déjeuner.

Notre pâtissier prépare tous les jours un assortiment de douceurs disponibles dès le matin. Une immense terrasse bien protégée, sans circulation routière à proximité, est ouverte les jours de beau temps.

Nous vous proposons également un grand choix de boissons chaudes ou froides. Le personnel professionnel et souriant saura vous accueillir dans les meilleures conditions et vous renseigner également sur notre service traiteur. Soyez comme «chez vous» au restaurant Clair d'Arve.

Spécialités
Plat du jour à frs 14.–
Carte selon saison

INSOS GastroGuide

Le Petit Gourmand, 1422 Grandson

Heures d'ouverture
Du mardi au jeudi de 11 h à 15 h
(sur réservation)
Adresse
Chemin de Coudrex 1
1422 Grandson
Téléphone 024 445 44 61
Courriel / Internet
lerepuis@lerepuis.ch
www.lerepuis.ch

Romandie

Le Petit Gourmand

Sur les hauts de Grandson, dans un cadre magnifique et calme, le Petit Gourmand avec sa terrasse dominant le lac, vous propose une cuisine soignée: une petite carte saisonnière et gourmande ainsi qu'un menu du jour. Le service et la cuisine sont assurés par des jeunes en formation entourés de professionnels.

Capacité de 30 places (sur réservation).

INSOS GastroGuide

L'Epicure, 1252 Meinier

établissements
publics pour
l'intégration

Heures d'ouverture
Du lundi au vendredi de 7 h 15 à 16 h
Adresse
Chemin de la Pallanterie 10
1252 Meinier (GE)
Téléphone 022 949 03 11
Courriel / Internet
restaurant.epicure@epi.ge.ch

Restaurants

Romandie

L'Epicure

Vous souhaitez vous retrouver entre amis, collègues, pour une réunion de travail, un séminaire suivi d'un lunch, d'un dîner, d'un cocktail. Vous cherchez un cadre lumineux au cœur de la campagne genevoise, avec sa terrasse en attique face au Mont-Blanc, le restaurant «L'Epicure» vous accueille du lundi au vendredi.

Notre équipe vous propose, du plat du jour au repas d'affaires, tout son savoir-faire mijoté à votre goût.

INSOS GastroGuide

Cafétéria Arpège, 1073 Mollie-Margot

Heures d'ouverture
Lundi: 8 h à 14 h / repas 12 h à 13 h 15
Mardi à vendredi: 8 h à 18 h / repas 12 h à 13 h 15
Samedi (sur réservation): 9 h 30 à 18 h /
petit déjeuner 9 h 30 à 11 h / brunch 10 h 30 à 13 h
Petite restauration, dimanche fermé

Adresse
Chemin de La Branche 34
1073 Mollie-Margot
Téléphone 021 612 41 20

Courriel / Internet
cafeteria@labranche.ch
www.labranche.ch

Restaurants

Romandie

Arpège

Au cœur du village, vous trouverez aisément notre cafétéria et sa grande terrasse. Nous privilégions les produits de la ferme et de nos jardins cultivés en bio-dynamie, de notre boulangerie bio ou de production artisanale et locale. Notre cuisine est une cuisine fraîche, de saison, variée, soignée, créative et équilibrée. Notre salon de thé vous propose tous les après-midi nos pâtisseries maison, ainsi qu'une animation « Goûter » 2 fois par mois, préparée et animée par l'« Atelier Cuisine ».

Spécialités

Menu du jour (frs 19.– pour un menu complet), boissons comprises, option végétarienne. Les jours de viande et poisson. Brunchs et petite restauration le samedi (sur réservation).

INSOS GastroGuide

Le St-Bar à Café, 1040 St-Barthélemy

Heures d'ouverture
Du mardi au dimanche de 8 h à 18 h
Adresse
Centre Social et Curatif
La ferme du Château
1040 St-Barthélemy
Téléphone 021 886 02 30
Courriel / Internet
st-bar@centresocialetcuratif.ch

Romandie

Le St-Bar à Café
Café avec petite restauration dans le cadre d'une ferme avec parcs animaliers. Place de jeu pour les enfants. Ouvert du mardi au dimanche de 8 h à 18 h. Brunch le week-end sur réservation. Egalement boulangerie et épicerie.

INSOS GastroGuide

l'Espalier, 1226 Thônex

établissements
publics pour
l'intégration

Heures d'ouverture
Du lundi au vendredi de 8 h à 16 h

Adresse
Avenue Adrien Jeandin, 34
1226 Thônex (GE)
Téléphone 022 949 04 67

Courriel / Internet
Restaurant.Espalier@epi.ge.ch

Romandie

l'Espalier

Restaurant «self-service» dans un cadre lumineux, le restaurant «l'Espalier» vous accueille du lundi au vendredi. Cuisine simple et savoureuse à base de produits frais, ses deux plats du jour et sa petite carte confectionnés sous vos yeux peuvent se déguster l'été en terrasse face au Salève.

INSOS GastroGuide

Au fil de l'eau, 1290 Versoix

Heures d'ouverture
Du lundi au vendredi de 7 h 30 à 18 h
Adresse
Route de Suisse 75
1290 Versoix
Téléphone 022 779 02 62
Courriel / Internet
fe.es@fondation-ensemble.ch
www.fondation-ensemble.ch

Restaurants

Romandie

Au fil de l'eau

Le tea-room «Au fil de l'eau» de l'Essarde, institution de la Fondation Ensemble, est situé entre la gare (arrêt Versoix) et le bord du lac Léman. Idéal pour une pause à toute heure de la journée, il propose à midi une petite restauration originale et gourmande. L'atelier alimentaire offre des places de travail structuré visant l'autonomie et la valorisation sociale des personnes en situation de handicap mental. Encadrées par des éducateurs et des éducatrices, elles y préparent chaque jour croissants aux amandes, tartes salées et sucrées, salades, sandwiches et autres spécialités pour les clients du tea-room. Ne manquez pas de vous y arrêter!

Spécialités
Salades, tartes salées et sucrées, soupes

Clair de Lune, 1234 Vessy

Heures d'ouverture
Du lundi au vendredi de 7 h 30 à 16 h
Fermé samedi et dimanche
Adresse
5, ch. Henri Baumgartner
1234 Vessy
Téléphone 022 827 89 62
Courriel / Internet
cuisine.pinchat@clairbois.ch
www.clairbois.ch

Restaurants

Romandie

Clair de Lune

A deux pas du Vieux Carouge à l'entrée de la campagne genevoise, le restaurant «Clair de Lune» de Clair Bois-Pinchat vous propose chaque jour une cuisine simple mais excellente dans un cadre chaleureux. Ambiance très appréciée par nos clients aimant la simplicité et la qualité. Le restaurant vous propose tous les jours un plat du jour ainsi que des plats à la carte. Dès le printemps, vous pouvez déguster sur notre terrasse nos succulentes salades dressées par les mains expertes de nos cuisiniers en poste protégé, encadrés par des professionnels compétents et servies avec le sourire. En été, venez découvrir nos grillades et nos buffets!

Toujours soucieux du bien-être de nos clients, notre chef Stéphane et ses collaborateurs vous proposent également un service traiteur. Un stand pâtisserie est là pour satisfaire les gourmands. Vous pouvez terminer ce moment de bonheur dans notre petit salon feutré, pour y déguster nos cafés torréfiés avec amour et douceur et nos thés aux saveurs qui invitent aux voyages.

Spécialités

Plat du jour à frs 14.–, plus carte et pâtisserie à l'emporter

Café des Préalpes, 1752 Villars-sur-Glâne

Heures d'ouverture
Du lundi au vendredi de 6 h 30 à 17 h 30
Dimanche de 10 h à 17 h
Samedi et jours fériés
de 10 h à 13 h 30 (pas de restauration,
sauf réservation pour banquet)

Adresse
Route des Préalpes 18
1752 Villars-sur-Glâne
Téléphone 026 408 86 00

Courriel / Internet
cafe.prealpes@ateliers-gerine.ch
www.ateliers-gerine.ch

Restaurants

Romandie

Spécialités
Menus du jour et petite carte

Café des Préalpes

Le Café des Préalpes propose dans la banlieue de Fribourg, dans un cadre lumineux et calme avec une terrasse ombragée ou ensoleillée, une alimentation traditionnelle. Une petite carte complète les menus du jour. Notre équipe est à votre service pour des apéritifs de mariage personnalisés de 50 à 250 personnes; des repas de famille, d'entreprise ou de société de 20 à 150 personnes.

Nous proposons également des salles de séminaires équipées avec ou sans service.

INSOS GastroGuide

Pinte des Colombettes, 1628 Vuadens

Heures d'ouverture
Lundi et mardi fermé
Mercredi de 10 h 30 à 17 h
Jeudi de 10 h 30 à 17 h
Vendredi:
10 h 30 à 17 h du 1er septembre au 15 mai
10 h 30 à 20 h du 16 mai au 31 août
Samedi et dimanche de 10 h 30 à 17 h

Adresse
Route des Colombettes 480
1628 Vuadens
Téléphone 026 919 16 16

Courriel / Internet
pintedescolombettes@clos-fleuri.ch
www.lescolombettes.ch

Restaurants

Romandie

Pinte des Colombettes

La Pinte des Colombettes… Une cuisine du cœur qui saura charmer votre cœur. Lieu mythique et ressourçant, la Pinte des Colombettes vous accueille en son antre typique ou sur sa terrasse enchanteresse ouverte sur la verte Gruyère et son majestueux Moléson.

Spécialités

A l'instar de votre regard, vos papilles gustatives seront également émerveillées par les saveurs d'une cuisine authentique élaborée avec des produits de saison. Des mets fribourgeois traditionnels au mijoté de la semaine, ou encore du poisson noble au végétarien du jour, tout est plaisir et enchantement qu'un choix de vins finement sélectionnés complète avec bonheur. Il est conseillé de réserver vos tables.

INSOS GastroGuide

Le Cygne, 1400 Yverdon-les-Bains

Heures d'ouverture
Du lundi au vendredi de 8 h à 15 h
Adresse
Prés-du-Lac 32
1400 Yverdon-les-Bains
Téléphone 024 445 44 61
Courriel / Internet
lerepuis@lerepuis.ch
www.lerepuis.ch

Restaurants

Romandie

Le Cygne
Cafétéria d'entreprise «self-service», Le Cygne vous accueille du lundi au vendredi à midi et vous propose deux menus simples et savoureux avec pour accompagnement un buffet de salades variées. La cuisine est assurée par des jeunes en formation entourés de professionnels. Réservation recommandées

L'Uliatt, 6830 Chiasso

Orario d'apertura
da lunedì a giovedì, 8.15–16
venerdì, 8.15–15
sabato e domenica chiuso

Indirizzo
Via dei Fontana da Sagno 3
6830 Chiasso
Telefono 091 682 70 57

E-mail/Web
lidea@f-diamante.ch
www.f-diamante.ch

Ticino

Specialità
Menù del giorno a partire da Fr. 17.–

L'Uliatt
L'osteria recupera un luogo dove si produceva olio di lino. Propone una cucina regionale di qualità, valorizza i prodotti locali. Un luogo di incontro e socializzazione per la città.

Canvetto Luganese, 6904 Lugano

Orario d'apertura
da martedì a sabato, 8.30–24
domenica e lunedì chiuso

Indirizzo
Via R. Simen 14b
6904 Lugano
Telefono 091 910 18 90 ristorante
Telefono 091 910 18 91 pastificio
Telefono 091 910 18 92 ufficio

E-mail / Web
canvetto@f-diamante.ch
www.f-diamante.ch

Ristoranti

Ticino

Specialità
Menù del giorno a partire da Fr. 17.–

Canvetto Luganese
Tutti volevano abbattere la vecchia osteria nel quartiere di Molino Nuovo. La Fondazione Diamante l'ha salvata facendola diventare punto di riferimento gastronomico e luogo di animazione culturale per la città.

INSOS GastroGuide

Bistro57, 6742 Pollegio

Orario d'apertura
da martedì a sabato, 9–18
domenica e lunedì chiuso
Indirizzo
c/o Infocentro Alptransit
6742 Pollegio
Telefono 091 862 55 22
E-mail / Web
bistro57@infocentro.ch
www.f-diamante.ch

Ticino

Bistro57

Il Bistro57, un'impresa sociale dentro la grande impresa Alptransit. Il ristorante, inserito nell'Infocentro, offre un servizio di ristorazione a mezzogiorno e la sera su prenotazione. A richiesta vengono offerti menu gastronomici e aperitivi. È possibile affittare sale per manifestazioni.

Hotels

INSOS GastroGuide

DASBREITEHOTEL, 4052 Basel

DAS**BREITE**HOTEL
*** *ganz schön anders.*

Öffnungszeiten
Hotel 365 Tage geöffnet
Café Montag bis Samstag 8 bis 11 Uhr
Samstagsbrunch 10.30 bis 13.30 Uhr
Sonntagsbrunch 11.30 bis 14 Uhr

Adresse
Zürcherstrasse 149
4052 Basel
Telefon 061 315 65 65

E-Mail/Web
mail@dasbreitehotel.ch
www.dasbreitehotel.ch

Hotels

DASBREITEHOTEL

DAS**BREITE**HOTEL ist ganz schön anders. Klares Design und eine auffallend herzliche Gastfreundschaft schaffen eine einmalige Atmosphäre. Das Stadthotel wird als Integrationshotel betrieben und bietet Menschen mit einer Lernbehinderung einen geschützten Arbeitsplatz. Die 36 Zimmer bestechen durch modernes und schlichtes Design. Sie sind überdurchschnittlich gross, ihre Ausstattung ist zeitgemäss und praktisch. Das reichhaltige Frühstücksbuffet ist im Zimmerpreis inbegriffen.

Das ganze Hotel ist hindernisfrei gebaut und im gesamten Gebäude gilt ein Rauchverbot. Parkplätze sind in der hauseigenen Tiefgarage vorhanden.

INSOS GastroGuide

Seminarhotel Rest. Panorama Lihn, 8757 Filzbach

Öffnungszeiten
Mittwoch bis Sonntag 8 bis 23 Uhr
Adresse
Panoramastrasse 28
8757 Filzbach
Telefon 055 614 64 64
E-Mail / Web
info@lihn.ch
www.lihn.ch

Hotels

Restaurant Panorama Lihn
Ein Schritt über dem Alltag, Genuss für alle Sinne. Das neue Restaurant Panorama Lihn gehört zum Seminarhotel Lihn und ist ein anregender Begegnungsort an schönster Lage über dem Walensee mit herrlichem Bergpanorama. Hier kann man sich wohlfühlen, sich austauschen, geniessen und seine Seele für einige Augenblicke baumeln lassen. Die Gäste bedienen sich nach Lust und Laune von reichhaltigen Buffets.

Spezialitäten
Jeden Monat ein neues Highlight auf der Kulturbühne Lihn mit tollen Themenbuffets.
Kulturbühnenpackage inkl. Halbpension und Ticket Fr. 95.– pro Person.
Infos: www.lihn.ch/kulturbuehne-lihn

Schlosshotel Leuk, 3953 Leuk-Stadt

Öffnungszeiten
ganzes Jahr geöffnet
Adresse
Leukerstrasse 14
Postfach 9
3953 Leuk-Stadt
Telefon 027 473 12 13
E-Mail / Web
info@schlosshotel-leuk.ch
www.schlosshotel-leuk.ch

Schlosshotel Leuk

Herzlich willkommen im Schlosshotel Leuk, dem Haus für Ferien, Erholung, Freizeit, Seminare und Kurse. Wir verfügen über 24 Gästebetten in 15 gepflegten Zimmern mit fliessendem Wasser (WC und Duschen auf der Etage) und einer wunderschönen Aussicht ins Rhonetal. Wir bieten: reichhaltiges Walliser Frühstücksbuffet, Aufenthaltsräume, grosse Panoramaterrasse, Gratistransporte Hotel-Bahnhof, Möglichkeit zum Selberkochen, Sitzungszimmer und Schulungsräume, Internetanschluss über Wi-Fi und Gäste-PC.

Seminarhaus Bruchmatt, 6003 Luzern

Öffnungszeiten
ganzes Jahr geöffnet
Adresse
Bruchmattstrasse 9
6003 Luzern
Telefon 041 249 39 29
E-Mail / Web
info@seminarhaus-bruchmatt.ch
www.seminarhaus-bruchmatt.ch

Hotels

Seminarhaus Bruchmatt
Neben 25 einfachen Hotelzimmern bieten wir ein vielfältiges Raum- und Verpflegungsangebot und eine moderne Infrastruktur für Veranstaltungen, Tagungen, Versammlungen, Seminare, Bankette, Apéros usw.

Das Arbeitsprofil orientiert sich bewusst stark am ersten Arbeitsmarkt – wir haben entsprechend anspruchsvolle Arbeitsfelder entwickelt. Insgesamt bieten wir im Seminarhaus Bruchmatt 8 geschützte Arbeitsplätze (GAP), 6 Dauerarbeitsplätz (DAP), 6 Abklärungsplätze und 2 Ausbildungsplätze EBA.

Spezialitäten
Infrastruktur für Veranstaltungen aller Art, Hotelzimmer und Verpflegung. Mitten in einem wunderschönen Park. Sehr zentral, Parkplätze vorhanden.

Hotel & Restaurant zum Schneggen, 5734 Reinach AG

Hotel & Restaurant zum Schneggen

Öffnungszeiten
Restaurant: Dienstag bis Samstag
8.30 bis 23 Uhr

Adresse
Hauptstrasse 72
5734 Reinach
Telefon 062 771 10 35

E-Mail / Web
info@schneggen.ch
www.schneggen.ch

Spezialitäten
Saisonal wechselnde Karte, Tagesmenü ab Fr. 16.50

Hotel & Restaurant zum Schneggen

Restaurant, Bistro, Bar, Hotel, Bankett- und Seminarsäle: Übernachten, feiern und tagen in altehrwürdigen Gemäuern im Zentrum von Reinach beim Naherholungsgebiet Homberg-Stierenberg-Seetal. 10 geräumige Hotelzimmer mit reichhaltigem Frühstück, 3 geschichtsträchtige Säle für kleine und grosse Gruppen. Zu fairen Preisen einfach-raffiniert essen im slow-food-Restaurant. Geschmackvolle Frischgerichte nach sorgfältig ausgewählten Rezepten aus hochwertigen regionalen Produkten.

INSOS GastroGuide

Hotel / Restaurant Dom, Kloster-Bistro, 9000 St. Gallen

Dom ★ ★ ★

Öffnungszeiten
Restaurant:
Montag bis Freitag 6.30 bis 17 Uhr
Samstag 7 bis 17 Uhr
Sonntag 7 bis 15 Uhr
Kloster-Bistro: täglich 10 bis 17 Uhr
Hotel: ganzes Jahr geöffnet

Adresse
Webergasse 22
9000 St. Gallen
Telefon 071 227 71 71

E-Mail / Web
info@hoteldom.ch
hoteldom.ch

Hotel / Restaurant Dom

Das Hotel Dom liegt im Herzen der St. Galler Altstadt, gut erreichbar und zentral gelegen. Optimal für Geschäftsleute, Universitätsbesucher und solche, die einfach einige Tage in der vielfältigen Stadt St. Gallen ausspannen möchten. Nur wenige Schritte vom Hotel entfernt befinden sich Sehenswürdigkeiten wie die UNESCO-gekrönte Stiftsbibliothek oder die Kathedrale. Seit 1998 wird das Hotel Dom von einem speziell ausgebildeten Leitungsteam und rund 55 Mitarbeitenden mit Beeinträchtigung geführt. Unsere Mitarbeitenden sind stolz auf ihre Arbeit und lassen die Gäste teilhaben an ihrer Freude. Getragen wird das Hotel Dom durch den «förderraum».

Kloster-Bistro

Vis-à-vis Stiftsbibliothek. Für besondere Begegnungen, feine hausgemachte Snacks und Sandwiches sowie süsse Versuchungen, ausgesuchte Tees und Getränke.

Spezialitäten

Mittagsbuffet mit Vegetarischem, Fisch und Fleisch, an dem sich jeder bedienen kann. Der Tagesteller wird Ihnen serviert. Auch Take-away erhältlich.

INSOS GastroGuide

Restaurant Hotel Rüttihubelbad, 3512 Walkringen

Restaurant Hotel RÜTTIHUBELBAD

Öffnungszeiten
Montag Ruhetag
Dienstag bis Freitag 7.30 bis 23.30 Uhr
(Küche bis 22 Uhr)
Samstag 8 bis 23.30 Uhr
(Küche bis 22 Uhr)
Sonntag 8 bis 18 Uhr

Adresse
Rüttihubel 29
3512 Walkringen
Telefon 031 700 81 81

E-Mail/Web
restauranthotel@ruettihubelbad.ch
www.ruettihubelbad.ch

Restaurant Hotel Rüttihubelbad

Herzlich willkommen … über dem Alltag im Restaurant Hotel Rüttihubelbad – Ihrem Ausflugsziel im Emmental! Mit Sicht auf Höfe, Matten und Wälder, bis hin zu den Berner Alpen, geniessen Sie auf 740 Metern über Meer die Ruhe und die Natur. Die Kinder überlassen Sie ruhig sich selbst: Drinnen und draussen bieten sich ihnen vielfältige Spielmöglichkeiten auf dem grosszügigen Kinderspielplatz oder in der Spielecke.

Spezialitäten

Im gemütlichen Restaurant oder auf der herrlichen Terrasse mit Weitblick servieren wir Ihnen schmackhafte und abwechslungsreiche Gerichte aus saisonalen und biologisch angebauten Produkten. Unser Küchenchef Werner Röthlisberger und sein Team pflegen eine neuzeitliche Emmentaler Küche. Auf unserer Weinkarte finden Sie ein kleines und auserlesenes Weinangebot, vom unkomplizierten Tischwein bis zum edlen Tropfen.

INSOS GastroGuide

Kartause Ittingen, 8532 Warth bei Frauenfeld

Öffnungszeiten
täglich 8.30 bis 23.30 Uhr
Adresse
8532 Warth bei Frauenfeld
Telefon 052 748 44 11
E-Mail/Web
info@kartause.ch
www.kartause.ch

Hotels

Kartause Ittingen

Das Seminar- und Kulturzentrum ist auch ein idyllisches Ausflugsziel für Individualgäste. Im Restaurant «Mühle» verwöhnen wir Sie mit vielen Produkten aus dem eigenen Gutsbetrieb. In unseren beiden Hotels entspannen Sie sich in klösterlich-moderner Atmosphäre. 60 betreute Mitarbeitende finden hier in allen Betrieben sinnvolle, ihren Fähigkeiten und Neigungen entsprechende Beschäftigung. Sie leisten mit ihrem Einsatz einen wertvollen Beitrag für das Wohl der Gäste in der Kartause Ittingen.

Spezialitäten

Tagesmenü mit Produkten aus dem eigenen Gutsbetrieb, zwei Museen, Klosterladen, wunderschöne Gärten, authentisch erhaltenes Kartäuserkloster, Seminarpackages, Rahmenprogramme

INSOS GastroGuide

Jungfrau Hotel, 3812 Wilderswil

Öffnungszeiten
Täglich 7.30 bis 22 Uhr
Betriebsferien November

Adresse
Schulgässli 51
3812 Wilderswil
Telefon 033 845 85 00

E-Mail/Web
info@jungfrau-hotel.ch
www.jungfrau-hotel.ch

Hotels

Spezialitäten
Themenwochen

Jungfrau Hotel

Das integrative Jungfrau Hotel*** in Wilderswil bei Interlaken steht an schönster Lage im Herzen des Berner Oberlandes.

Ein Restaurant mit Bar und Lounge, ein Säli, die Sonnenterrasse und Gartenanlage laden unsere Hotelgäste zum Verweilen ein. Gleichzeitig zum konventionellen Hotelangebot wird auch Platz für Gäste mit psychischen oder geistigen Handicaps geboten. Für die sozialmedizinische Grundversorgung sowie im Bereich Freizeitpädagogik steht entsprechend ausgebildetes Personal zur Verfügung.

INSOS GastroGuide

Haus zur Stauffacherin, Pension für Frauen, 8004 Zürich

Öffnungszeiten
ganzes Jahr geöffnet
Check-in ab 14 Uhr
Check-out bis 10 Uhr
Adresse
Kanzleistrasse 19
8004 Zürich
Telefon 044 241 69 79
E-Mail / Web
info@stauffacherin-zuerich.ch
www.stauffacherin-zuerich.ch

Haus zur Stauffacherin

Unsere Pension liegt an zentraler, ruhiger Lage. Wir verfügen über einen Hotelteil mit 11 hellen, gepflegten und freundlichen Einzelzimmern und 2 Doppelzimmern mit Dusche/WC, TV/Radio, Safe. Im betreuten Pensionsteil mit 38 Einzelzimmern wohnen Frauen, die sich auf dem Weg in die soziale Selbständigkeit befinden. Dabei werden sie durch fachlich ausgebildete Mitarbeiterinnen unterstützt.

Die Aufenthaltsräume sowie der Speisesaal und die Terrasse werden gemeinsam genutzt.

hotel marta, 8001 Zürich

in the center of zurich

Öffnungszeiten
365 Tage geöffnet
Adresse
Zähringerstrasse 36
8001 Zürich
Telefon 044 269 95 95
E-Mail / Web
info@hotelmarta.ch
www.hotelmarta.ch

hotel marta

Das hotel marta ist neben dem LADY'S FIRST design hotel der zweite Betrieb der Frauenhotel AG.

hotel marta ist ein modernes 2** Stern Stadthotel mit 39 Zimmern. Frisch renoviert, ausgerichtet auf ein junges urbanes Publikum, unweit des pulsierenden Centrals gelegen. Speziell empfehlen wir unseren preisgünstigen Seminarraum für 5 bis 25 Personen.

Wir haben 10 Arbeitsplätze für Frauen mit einer psychischen oder Lernbeeinträchtigung im Bereich des Housekeepings. Die begleiteten Arbeitsplätze sind für diese Frauen eine Chance, eine feste Anstellung besetzen zu können, und ermöglichen ihnen ein Training für den Wiedereinstieg in den regulären Arbeitsmarkt.

INSOS GastroGuide

LADY'S FIRST design hotel, 8008 Zürich

LADY'S FIRST
design hotel

Öffnungszeiten
Über Weihnachten geschlossen

Adresse
Mainaustrasse 24
8008 Zürich
Telefon 044 380 80 10

E-Mail/Web
info@ladysfirst.ch
www.ladysfirst.ch

Hotels

LADY'S FIRST design hotel

Das LADY'S FIRST ist ein Boutique Design Hotel in einem stilvollen Haus aus dem 19. Jahrhundert, ruhig gelegen im attraktiven Seefeld-Quartier, in unmittelbarer Nähe der City und wenige Schritte vom See entfernt. Die selbstbewusste Frau und der moderne Mann finden im LADY'S FIRST ihre Orte zum Wohlfühlen – in den 28 gediegenen Zimmern, beim Cheminée in der Lounge oder in der Rosenlaube.

Die obersten Etagen mit wunderschöner Saunalandschaft, Dachterrasse und vielfältigem Massageangebot sind die Oase der Frauen. LADY'S FIRST bietet 12 Teilzeit-Arbeitsplätze für Frauen mit einer psychischen oder Lernbeeinträchtigung an. Die begleiteten Arbeitsplätze sind für diese Mitarbeiterinnen eine Chance, eine feste Anstellung besetzen zu können, und ermöglichen den Frauen ein Training für den Wiedereinstieg in den regulären Arbeitsmarkt.

INSOS GastroGuide

174

INSOS Schweiz

INSOS Schweiz vertritt als nationaler Branchenverband die Interessen von 750 Institutionen für Menschen mit Behinderung. Diese bieten 60 000 Menschen Arbeit, eine Tagesstruktur, ein Zuhause sowie die Möglichkeit, eine Integrationsmassnahme oder eine berufliche Massnahme zu absolvieren. INSOS Schweiz setzt sich für optimale Rahmenbedingungen, für genügend und gut ausgebildetes Personal sowie für die Einhaltung von Qualitätsstandards in den Institutionen ein.

INSOS Suisse

INSOS Suisse défend, en sa qualité d'association de branche nationale, les intérêts de 750 institutions s'occupant de personnes avec handicap. Celles-ci offrent du travail, une structure de jour, un chez soi ainsi que la possibilité de bénéficier d'une mesure d'intégration ou d'une mesure d'ordre professionnel à 60 000 personnes. INSOS Suisse est favorable à des conditions-cadres optimales, à un volume suffisant de personnel bien formé ainsi qu'au respect des normes de qualité dans les institutions.

INSOS Svizzera

INSOS Svizzera difende, quale associazione nazionale di categoria, gli interessi di 750 istituzioni che si occupano di persone con andicap. Esse offrono lavoro, strutture di accoglienza diurne e luoghi di vita nonché un largo ventaglio di misure di integrazione socio-professionali a circa 60 000 persone. INSOS Svizzera si batte per avere condizioni quadro favorevoli, personale qualificato e per il mantenimento di alti standard di qualità nelle istituzioni.

Impressum / Editeur / Colophon

Herausgeber/Editeur/Editore:
INSOS Schweiz/Suisse/Svizzera

Koordination/Coordination/Coordinazione:
Cornelia Bachofner, INSOS Schweiz/Suisse/Svizzera

Redaktion/Rédaction/Redazione:
Barbara Lauber, INSOS Schweiz/Suisse/Svizzera

Auflage/Tirage/Tiratura:
6000

Layout und Verlag/Mise en page et éditon/Grafica e casa editrice:
Weber AG Verlag, CH-3645 Thun/Gwatt
www.weberverlag.ch

Quellenangabe/Crédits/Fonte:
Fotos und Texte wurden von den einzelnen Gastro- und Hotelbetrieben zur Verfügung gestellt.
Les photos et les textes ont été remis par les établissements.
Foto e testi sono stati messi a disposizione dalle singole aziende gastronomiche e alberghiere.

Foto Titelseite/Photo et couverture/Fotografia e copertina:
Robert Hansen (Restaurant Brunegg, Zürich)

ISBN 978-3-906033-69-3

INSOS Schweiz
Zieglerstrasse 53, 3000 Bern 14
Tel. 031 385 33 00, Fax 031 385 33 22
zs@insos.ch, www.insos.ch

INSOS Suisse
Avenue de la Gare 17, 1003 Lausanne
Tél. 021 320 21 70, Fax 021 320 21 75
sr@insos.ch, www.insos.ch